Ferdinand Lassalle

Arbeiterprogramm - über den besondern Zusammenhang der gegenwärtigen Geschichtsperiode

mit der Idee des Arbeiterstandes

Ferdinand Lassalle

Arbeiterprogramm - über den besondern Zusammenhang der gegenwärtigen Geschichtsperiode
mit der Idee des Arbeiterstandes

ISBN/EAN: 9783743455320

Hergestellt in Europa, USA, Kanada, Australien, Japan

Cover: Foto ©ninafisch / pixelio.de

Manufactured and distributed by brebook publishing software
(www.brebook.com)

Ferdinand Lassalle

Arbeiterprogramm - über den besondern Zusammenhang der gegenwärtigen Geschichtsperiode

Arbeiterprogramm.

Ueber den

besondern Zusammenhang

der

gegenwärtigen Geschichtsperiode

mit der

Idee des Arbeiterstandes.

Von

Ferdinand Lassalle.

Zürich, 1863.

Verlag von Meyer & Zeller.

Vorbemerkung.

Bei der nachfolgenden Ausführung ist nicht außer Augen zu lassen, daß sie ursprünglich nicht für den Druck bestimmt, sondern zum Zweck eines Vortrages in einem hiesigen Handwerkerverein geschrieben war. Aehnliche Gründe, wie die, welche den Druck meines Vortrages „über Verfassungswesen" veranlaßt haben, bestimmen mich, auch den gegenwärtigen Vortrag der Oeffentlichkeit zu übergeben.

F. Lassalle.

Meine Herren!

Aufgefordert, Ihnen einen Vortrag zu halten, habe ich geglaubt, am besten zu thun, wenn ich für denselben ein Thema wähle und auf streng wissenschaftliche Weise behandle, welches Sie seiner Natur nach besonders interessiren muß. Ich werde nehmlich sprechen über den speciellen Zusammenhang, welcher stattfindet zwischen dem Character der gegenwärtigen Geschichtsperiode, in der wir uns befinden, und der Idee des Arbeiterstandes.

Ich habe bereits bemerkt, daß meine Behandlung des Thema's eine rein wissenschaftliche sein wird.

Wahre Wissenschaftlichkeit aber besteht eben in nichts anderem, als in einer völligen Klarheit und deshalb in einer völligen Voraussetzungslosigkeit des Denkens.

Wegen dieser gänzlichen Voraussetzungslosigkeit, mit welcher wir an unsern Gegenstand zu geben haben, wird es im Verlauf sogar nötig sein, uns klar zu werden über das, was wir denn eigentlich unter „Arbeiter" oder „Arbeiterstand" verstehen. Denn nicht einmal hierüber dürfen wir uns einer Voraussetzung, als sei das etwas ganz Bekanntes, hingeben. Durchaus nicht! Die Sprache des gewöhnlichen Lebens verbindet vielmehr sehr häufig das eine Mal ganz andere und verschiedene Begriffe mit den Worten „Arbeiter" und „Arbeiterstand" als das andere Mal, und wir werden uns daher an seinem Ort zuvor darüber klar werden müssen, in welchem Sinne wir diese Benennung gebrauchen wollen.

1

Indeß, hierzu ist in diesem Augenblick noch nicht der Ort. Wir werden vielmehr zuvörderst diesen Vortrag mit einer andern Frage beginnen müssen.

Mit folgender Frage nehmlich: Der Arbeiterstand ist nur ein Stand unter den mehreren Ständen, welche die bürgerliche Gesellschaft zusammensetzen. Auch hat es zu jeder Zeit Arbeiter gegeben. Wie ist es hiernach nur möglich und welchen Sinn hat es, daß ein besondrer Zusammenhang stattfinden soll zwischen der Idee dieses einzelnen, bestimmten Standes und dem Princip der besondern Geschichtsperiode, in der wir leben?

Um dies zu verstehen, ist es erforderlich, einen Blick in die Geschichte zu werfen, in die Vergangenheit, meine Herren, welche, richtig verstanden, hier wie immer die Bedeutung der Gegenwart aufschließt und die Umrisse der Zukunft vorauszeigt.

Wir werden uns bei diesem Rückblick möglichst kurz fassen müssen, meine Herren, denn wir würden sonst Gefahr laufen, gar nicht zu dem eigentlichen Thema der Betrachtung in der kurzen Zeit, die uns zugemessen ist, zu gelangen.

Aber selbst auf diese Gefahr hin werden wir wenigstens irgend einen solchen, wenn auch auf die allgemeinsten Umstände beschränkten Rückblick, wie flüchtig er auch sei, auf die Vergangenheit werfen müssen, um daraus den Sinn unserer Frage und unseres Thema's zu verstehen.

Gehen wir also auf das Mittelalter zurück, so finden wir, daß in demselben sich auch damals bereits, wenn auch freilich lange nicht so ausgebildet wie heut, im Ganzen dieselben Stände und Klassen der Bevölkerung vorfinden, welche heut die bürgerliche Gesellschaft zusammensetzen. Aber wir finden ferner, daß Ein Stand und Ein Element damals das herrschende ist — nehmlich der Grundbesitz.

Der Grundbesitz ist es, meine Herren, welcher im Mittelalter in jeder Hinsicht das Scepter führt, welcher sein specifisches besonderes Gepräge allen Einrichtungen und dem ganzen Leben jener Zeit aufgedrückt hat; er ist es, der als das herrschende Princip jener Zeit ausgesprochen werden muß.

Der Grund davon, daß der Grundbesitz das herrschende Prineip jener Zeit ist, ist ein sehr einfacher. Er liegt — wenigstens kann uns hier dieser Grund völlig genügen — in der ökonomischen, wirthschaftlichen Beschaffenheit des Mittelalters; in dem Zustand seiner Production. Der Handel war damals noch sehr wenig entwickelt; noch viel weniger die Industrie. Der Hauptreichthum jener Gesellschaft bestand vielmehr unendlich überwiegend in der Ackerbauproduction.

Der bewegliche Besitz kam damals neben dem Besitz des Grund und Bodens sehr wenig in Betracht, und wie sehr dies der Fall war, kann Ihnen selbst das Privatrecht, welches immer einen sehr hellen Einblick in die ökonomischen Verhältnisse der Epochen gewährt, in denen es entstanden ist, sehr deutlich zeigen. So erklärte z. B. das mittelalterliche Privatrecht in der Absicht, das Vermögen der Familien von Geschlecht zu Geschlecht fortzuerhalten und gegen Verschwendung zu schützen, das Familienvermögen oder „Eigen" für unveräußerlich ohne die Zustimmung der Erben. Aber unter diesem Familienvermögen oder dem „Eigen" werden ausdrücklich nur Grundstücke verstanden. Die Fahrniß dagegen, wie man damals das bewegliche Eigenthum nannte, ist ohne Einwilligung der Erben veräußerlich. Und überhaupt wird im Allgemeinen alle Fahrniß oder das bewegliche Eigenthum vom altdeutschen Privatrecht nicht behandelt wie ein selbständiger, fortzeugender Vermögensstock, Capital, sondern immer nur wie Früchte vom Grund und Boden, also z. B. wie die Jahresernte vom Boden, und dieser gleichgestellt. Als selbständiger, fortzeugender Vermögensstock wird damals regelmäßig nur der Grundbesitz behandelt. Es war daher diesem Zustand der Dinge nur höchst entsprechend und eine einfache Folge davon, daß der Grundbesitz — und diejenigen, welche ihn weit überwiegend in Händen hatten, also wie Ihnen bekannt sein wird, Adel und Geistlichkeit — den herrschenden Factor jener Gesellschaft in jeder Hinsicht bildete.

Welche Institution des Mittelalters Sie betrachten mögen, tritt Ihnen immer von neuem diese Erscheinung entgegen.

Wir wollen uns begnügen, den Blick auf einige der wesentlichsten dieser Einrichtungen zu werfen, in welchen der Grundbesitz als das herrschende Princip zu tritt.

So zuerst die durch ihn gegebene Organisation der öffentlichen Macht, oder die Lehnsverfassung. Sie wissen,
meine Herren, daß diese darin bestand, daß Könige, Fürsten und
Herren anderen Herren und Rittern Grundstücke zur Benutzung
abtraten, wogegen ihnen die Empfänger, besonders die Heer-
gefolge, das heißt: die Unterstützung ihrer Lehnsherren in den
Kriegen oder Fehden derselben, sowohl persönlich als mit ihren
Mannschaften angeloben mußten.

So zweitens die Organisation des öffentlichen Rechts
oder die Reichsverfassung. Auf den deutschen Reichstagen
war der Fürstenstand und der große Grundbesitz der Reichsgrafen-
schaft und der Geistlichkeit vertreten. Die Städte selbst genossen
nur dann dort Sitz und Stimme, wenn es ihnen gelungen war,
das Privilegium einer freien Reichsstadt zu erwerben.

So drittens die Steuerfreiheit des großen Grundbesitzes.
Es ist nehmlich eine charakteristische und stets wiederkehrende Er-
scheinung, meine Herren, daß jeder herrschende privilegirte
Stand stets die Lasten zur Aufrechterhaltung des öffentlichen
Wesens auf die unterdrückten und nicht besitzenden Klassen zurück-
zuwälzen sucht, in offner oder verschleierter, in direkter oder indirekter
Form. Als Richelieu im Jahre 1641 6 Millionen Franken von der
Geistlichkeit als eine außerordentliche Steuer forderte, um den
Bedürfnissen des Staats zu Hülfe zu kommen, gab diese durch
den Mund des Erzbischofs von Sens die charakteristische Antwort: »L'usage ancien de l'église pendant sa vigueur était
que le peuple contribuait ses biens, la noblesse son
sang, le clergé ses prières aux nécessités de l'État«:
„Der alte Brauch der Kirche während ihrer Blüthe war, daß
das Volk beisteuerte für die Bedürfnisse des Staats seine Güter,
der Adel sein Blut, die Geistlichkeit ihre Gebete."

So viertens die sociale Geringschätzung, welche auf jeder
andern Arbeit, als etwa auf der Beschäftigung mit dem Grund
und Boden lastete.

Industrielle Unternehmungen zu leiten, im Handel und den
Gewerben Geld zu verdienen, galt für schimpflich und entehrend
für die bevorrechtigten, herrschenden beiden Stände, Adel und

Geistlichkeit, für welche nur aus dem Grundeigenthum ihr Einkommen zu beziehen, ehrenhaft erschien.

Diese vier großen und maßgebenden, den Grundcharacter einer Epoche bestimmenden Thatsachen reichen für unsere Betrachtung vollkommen aus, um zu zeigen, wie es in jener Zeitperiode der Grundbesitz war, welcher derselben überall sein Gepräge aufdrückte und das herrschende Princip derselben bildete.

Dies war so sehr der Fall, daß selbst die scheinbar vollständig revolutionäre Bewegung der Bauernkriege, die 1524 in Deutschland ausbrach und ganz Schwaben, Franken, den Elsaß, Westphalen und noch andere Theile Deutschlands umfaßte, innerlich noch durch und durch an diesem selben Principe hing, in der That also eine reactionäre Bewegung war, trotz ihres revolutionären Gebahrens. Sie wissen, meine Herren, daß die Bauern damals die Burgen der Adligen niederbrannten, die Adligen selbst tödteten, sie, was die damals übliche Form war, durch die Spieße laufen ließen. Und nichtsdestoweniger, trotz dieses äußern revolutionären Anstrichs, war die Bewegung innerlich von Grund aus reactionär.

Denn die Wiedergeburt der staatlichen Verhältnisse, die deutsche Freiheit, welche die Bauern herstellen wollten, sollte nach ihnen darin bestehen, daß die besondere und bevorrechtete Zwischenstellung, welche die Fürsten zwischen Kaiser und Reich einnahmen, fortfallen und statt ihrer auf den deutschen Reichstagen nichts als der freie und unabhängige Grundbesitz, und zwar der bäuerliche und ritterliche — die beide bis dahin nicht vertreten waren — eben so gut, wie der eigene, unabhängige Grundbesitz der Adligen aller Art, also der Ritter, Grafen und der bisherigen Fürsten, ohne Rücksicht auf diese früheren Unterschiede, und wieder der adlige Grundbesitz seinerseits so gut wie der bäuerliche vertreten sein sollte.

Sie sehen also sofort, meine Herren, daß dieser Plan in letzter Instanz auf nichts anderes hinausläuft, als auf eine nur consequentere und gerechtere Durchführung des Princips, welches der damals eben sich zu Ende neigenden Epoche zu Grunde gelegen hatte, auf eine nur consequentere, reinere und gerechtere

Durchführung des Princips nehmlich: der Grundbesitz solle das herrschende Element und die Bedingung sein, welche allein einen Jeden zu einem Antheil an der Herrschaft über den Staat berechtige. Daß Jeder einen solchen Antheil schon deshalb fordern könne, weil er Mensch, weil er ein vernünftiges Wesen sei, auch ohne jeden Grundbesitz, — das fiel den Bauern nicht entfernt ein! Dazu waren die damaligen Verhältnisse noch nicht entwickelt, die damalige Gedankenbildung noch nicht revolutionär genug.

So war denn diese äußerlich mit so revolutionärer Entschiedenheit auftretende Bauernbewegung innerlich vollkommen reactionär; d. h. sie stand, statt auf einem neuen revolutionären Principe zu stehen, ohne es zu wissen, innerlich vielmehr durchaus auf dem Princip des Alten, des Bestehenden, auf dem Princip der damals gerade untergehenden Periode, und nur gerade deshalb, weil sie, während sie sich für revolutionär hielt, in der That reactionär war, ging die Bauernbewegung zu Grunde.

Es war hiernach damals sowohl der Bauern= als der Adelserhebung (Franz von Sickingen) gegenüber — welchen beiden das Princip gemeinschaftlich war, den Antheil an der Staatsherrschaft, noch consequenter, als bis dahin der Fall, auf den Grundbesitz zu gründen — das emporstrebende Landesfürstenthum als von der Idee einer vom Grundeigenthum unabhängigen Staatssouveränetät getragen, als Vertreter einer von den Privatbesitzverhältnissen unabhängigen Staatsidee ein immerhin relativ berechtigtes und revolutionäres Moment — und dies eben war es, was ihm die Kraft zu seiner siegreichen Entwickelung und zur Unterdrückung der Bauern= und Adelsbewegung gab.

Ich habe bei diesem Punkt etwas nachdrücklich verweilt, meine Herren, einmal um Ihnen die Vernünftigkeit und den Fortschritt der Freiheit in der geschichtlichen Entwickelung sogar an einem Beispiele, an welchem dies bei oberflächlicherer Betrachtung keineswegs einleuchtet, nachzuweisen; zweitens, weil die Geschichtsschreiber noch weit davon entfernt sind, diesen reactionären Charakter der Bauernbewegung und den lediglich in ihm liegenden Grund

ihres Mißlingens zu erkennen, vielmehr, durch den äußern An=
schein getäuscht, die Bauernkriege für eine wirklich revolutionäre
Bewegung halten.

Drittens endlich deshalb, weil sich zu allen Zeiten dies Schau=
spiel häufig wiederholt, daß gedankenunklare Menschen — und
hierzu, meine Herren, können die scheinbar Allergebildetsten, kön=
nen Professoren gehören und gehören, wie uns die Paulskirche
traurigen Angedenkens gezeigt hat, vorzüglich häufig dazu —
in die ungeheure Täuschung verfallen, das, was nur der conse=
quentere und reinere Gedankenausdruck der eben unter=
gehenden Zeitperiode und Welteinrichtung ist, für ein neues
revolutionäres Princip zu halten.

Vor solchen nur in ihrer eigenen Einbildung revolutio=
nären Männern und Richtungen möchte ich — denn es wird uns
in der Zukunft daran eben so wenig fehlen, als es uns bisher
in der Vergangenheit daran gefehlt hat — Sie warnen, meine
Herren!

Es läßt sich daran zugleich der Trost knüpfen, daß die zahl=
reichen sofort oder binnen kurzer Zeit nach momentanem Gelin=
gen wieder verunglückten Bewegungen, welche wir in der Ge=
schichte finden und welche den wohlmeinenden, aber oberflächlichen
Blick manchen Volksfreundes mit trüber Besorgniß erfüllen kön=
nen, immer nur solche blos in ihrer Einbildung revolutio=
näre Bewegungen waren.

Eine wirklich revolutionäre Bewegung, eine solche, die auf
einem wahrhaft neuen Gedankenprincipe steht, ist, wie sich der
tiefere Denker zu seinem Troste aus der Geschichte zu beweisen
vermag, noch niemals untergegangen, mindestens nicht auf
die Dauer.

Ich kehre zu meinem Faden zurück.

Wenn die Bauernkriege nur in ihrer Einbildung revolutionär
waren, so war dagegen damals wirklich und wahrhaft re=
volutionär der Fortschritt der Industrie, der bürgerlichen Pro=
duction, der sich immer weiter entwickelnden Theilung der Arbeit
und der hierdurch entstandene Capitalreichthum, der sich
ausschließlich in den Händen der Bourgeoisie aufhäufte, weil sie

eben der Stand war, welcher sich der Production unterzog und deren Vortheile sich aneignete.

Man pflegt mit der Reformation, also mit dem Jahre 1517, das Ende des Mittelalters und den Anbruch der neueren Geschichte zu datiren.

In der That ist das in dem Sinne richtig, daß in den un= mittelbar auf die Reformation folgenden zwei Jahrhunderten lang= sam, allmählich und unmerklich ein Umschwung eintritt, welcher das Aussehen der Gesellschaft von Grund aus verändert und in ihrem Herzen eine Umwälzung vollzieht, welche später im Jahre 1789 durch die französische Revolution nur proclamirt, nicht aber eigentlich geschaffen wird.

Worin dieser Umschwung bestand, fragen Sie?

In der rechtlichen Stellung des Adels hatte sich nichts ge= ändert. Rechtlich waren Adel und Geistlichkeit die beiden herr= schenden Stände, die Bourgeoisie der überall zurückgesetzte und unterdrückte Stand geblieben. Aber wenn sich rechtlich nichts geändert hatte, so war factisch, war thatsächlich die Um= änderung der Verhältnisse eine um so ungeheurere gewesen.

Durch die Erzeugung und Aufhäufung des Capitalreichthums des, im Gegensatz zum Grundeigenthum, beweglichen Besitzes in den Händen der Bourgeoisie, war der Adel in eine vollkommene Unbedeutenheit, ja bereits in wahre Abhängigkeit von dieser reich gewordenen Bourgeoisie herabgesunken. Bereits mußte er, wollte er sich irgend neben ihr halten, allen seinen Standes= principien abtrünnig werden und zu denselben Mitteln des in= dustriellen Erwerbs zu greifen anfangen, welchen die Bourgeoisie ihren Reichthum und somit ihre thatsächliche Macht verdankte.

Schon die Comödien Molière's, der zur Zeit Ludwigs XIV. lebte, zeigen uns — eine höchst interessante Erscheinung — den damaligen Adel die reiche Bourgeoisie verachtend und bei ihr schmarotzend zu gleicher Zeit.

Louis XIV. selbst, dieser stolzeste König, zieht bereits in sei= nem Schlosse zu Versailles den Hut und erniedrigt sich vor dem Juden Samuel Bernard, dem Rothschild der damaligen Epoche, um ihn zu einem Anlehen geneigt zu machen.

Als Law, der berühmte schottische Finanzmann, in Frankreich im Anfang des 18. Jahrhunderts die Handelscompagnieen gebildet hatte, eine auf Actien gegründete Gesellschaft, welche zur commerciellen Ausbeutung der Mississippi-Ufer, der Louisiana, Ostindiens ꝛc. zusammengetreten war, war der Regent von Frankreich selbst unter ihren Directoren — Mitglied einer Kaufmanns-Gesellschaft! Ja, der Regent sah sich genöthigt, im August 1717 Edicte zu erlassen, in welchen verordnet wurde, daß die Abligen, ohne sich etwas zu vergeben, in den See- und Kriegsdienst dieser Handelscompagnien treten könnten! Dahin war also bereits damals der kriegerische und stolze Feudal-Adel Frankreichs gekommen, den bewaffneten Commis für die industriellen und commerciellen Unternehmungen der alle Welttheile durcheinanderwühlenden Bourgeoisie zu machen.

Ganz entsprechend diesem Umschwunge hatte sich bereits damals ein Materialismus entwickelt, ein heißhungriges, gieriges Ringen nach Geld und Gut, dem alle sittlichen Ideen, ja, was bei den bevorrechteten Ständen leider in der Regel noch mehr sagen will, selbst alle Standesvortheile feil waren. Unter demselben Regenten von Frankreich wird Graf Horn, einer der vornehmsten mit den ersten Familien Frankreichs, ja mit dem Regenten selbst verwandten Abligen, als gemeiner Raubmörder gerädert, und die Herzogin von Orleans, eine deutsche Prinzeß, schreibt in einem Briefe vom 29. November 1719, sechs der vornehmsten Damen hätten eines Tages dem vorhin erwähnten Law, der damals der gefeiertste und auch der beschäftigtste Mann in Frankreich war und dessen es sich in Folge dessen sehr schwer war, zu bemächtigen, in dem Hofe eines Gebäudes aufgepaßt, um ihn zu bewegen, von jenen von ihm gestifteten Actien abzulassen, um die sich damals ganz Frankreich riß und die auf der Börse sechs- und achtmal so hoch und höher standen, als der Nominalpreis betrug, zu denen sie von Law ausgegeben worden waren. Law sei sehr beeilt gewesen, habe nicht hören wollen und habe endlich zu den Damen, die ihn nicht von der Stelle ließen, gesagt: „Meine Damen, ich bitte tausendmal um Verzeihung, aber wenn Sie mich nicht loslassen, so muß ich platzen,

denn ich habe ein Bedürfniß, zu pissen, welches mir unmöglich
ist, länger anzuhalten." Worauf ihm die sechs vornehmen Damen geantwortet: »Eh bien, monsieur, pissez pourvu que
vous nous écoutiez.« („Nun wohl, mein Herr, pissen Sie
immerhin, wenn Sie uns nur anhören".) Und sie blieben in
der That während dieses Actes bei ihm stehen und trugen ihm
ihr Anliegen vor.

Fragen Sie mich wiederum, welche Ursachen es gewesen waren, welche diese Entwicklung der Industrie und den dadurch
hervorgerufenen Reichthum der Bourgeoisie ermöglicht hatten, so
würde ich durch ein genaueres Eingehen auf dieselben weitaus
den Zeitraum, den ich mir gestatten kann, überschreiten müssen.
Nur kurz aufzählen kann ich Ihnen die allerwesentlichsten derselben: die Entdeckung Amerika's und der hierdurch auf die
Production geübte unermeßliche Einfluß; der durch die Umschif-
fung des Caps der guten Hoffnung entdeckte Seeweg nach Ost-
indien, während früher aller Handel mit dem Orient und Indien
den Landweg über Suez nehmen mußte; die Erfindung der Mag-
netnadel und des Compasses, die hierdurch für allen Seehandel
herbeigeführte größere Sicherheit, Schnelligkeit und Verminderung
der Assecuranzprämie; die im Innern der Länder angelegten
Wasserstraßen, die Canäle und auch die Chausseen, welche durch
die Verminderung der Transportkosten zahlreichen Producten, die
früher ihre Vertheurung durch den Transport nicht ertragen konnten, erst die Möglichkeit entfernteren Absatzes erschließen; die
größere bürgerliche Sicherheit des Besitzes, die geordnete Justiz,
die Erfindung des Pulvers und das in Folge dieser Erfindung
eingetretene Brechen der kriegerischen Feudalmacht des Adels
durch das Königthum; die durch die Zerstörung der abligen Burgen und der selbstständigen abligen Kriegsmacht wieder eingetretene Entlassung ihrer Lanzenknechte und Reisigen, denen nun
nichts übrig bleibt, als Aufnahme im mittelalterlichen Arbeits-
Atelier zu suchen — alle diese Ereignisse ziehen an dem
Triumphwagen der Bourgeoisie!

Alle diese Ereignisse und noch viele andere, die man Ihnen
aufzählen könnte, fassen sich inzwischen in die Eine Wirkung

zusammen: durch die Eröffnung großer débouchés, d. h. großer Absatzgebiete, und die damit verbundene Verminderung der Productions= und Transportkosten, die Production in Masse, die Production für den Weltmarkt hervorzurufen; hierdurch wieder das Bedürfniß der billigen Production zu schaffen, welches wiederum nur durch eine immer weiter getriebene Theilung der Arbeit, das heißt durch eine immer vollständiger ausgeführte Zerlegung der Arbeit in ihre einfachsten mechanischen Operationen, befriedigt werden kann, und hierdurch wiederum seinerseits eine Production in immer größerem Maaßstabe hervorruft.

Wir stehen hier auf dem Boden der Wechselwirkungen, meine Herren. Jede dieser Thatsachen ruft die andere hervor und diese andere wirkt wieder auf die erste zurück, erweitert und vergrößert ihren Umfang.

So wird es Ihnen klar sein, daß die Production eines Artikels in ungeheuern Massen, seine Production für den Weltmarkt, nur dann im Allgemeinen leicht möglich ist, wenn sich die Productionskosten dieses Artikels billig stellen und wenn auch der Transport desselben billig genug ist, um seinen Preis nicht erheblich zu vertheuern. Denn die Production in ungeheuern Massen erfordert den Absatz en masse, und der massenhafte Absatz einer Waare läßt sich nur hervorrufen durch ihren billigen Preis, der sie einer sehr großen Anzahl von Käufern zugänglich macht. Die billigen Productions= und Transportkosten einer Waare rufen also ihre Production auf großem Fuße, in großen Massen hervor. Umgekehrt wird Ihnen aber auch wieder sofort klar sein, daß die Production eines Artikels in großen Massen die Billigkeit desselben erzeugt und vermehrt. Ein Fabrikant, welcher z. B. zweimalhunderttausend Stück Kattun im Jahr absetzt, kann sowohl wegen der billigern Beschaffung des Rohmaterials im Großen, als weil sich sein Capitalprofit und die Zinsen seiner gewerblichen Anlagen, Gebäude, Maschinen über eine so große Anzahl von Stücken vertheilen, innerhalb gewisser Grenzen jedes Stück weit billiger geben, als ein Fabrikant, der nur fünftausend solcher Stücke jährlich producirt. Die größere Billigkeit der Production führt also zur Production im Großen, diese führt im Allgemeinen wieder größere Billigkeit herbei, diese ruft wieder eine noch massenhaftere Production hervor, die wiederum eine noch größere Billigkeit erzeugt und so fort.

Es verhält sich ganz eben so in Bezug auf die Theilung der Arbeit, welche ihrerseits wieder die nothwendige Voraussetzung der Production in Masse und der Billigkeit ist und ohne welche weder Billigkeit noch Production in Masse möglich wäre.

Die Theilung der Arbeit, welche die Herstellung eines Producta in eine große Anzahl ganz einfacher, oft rein mechanischer und verstandloser Operationen zerlegt und für jede einzelne dieser Theil=Operationen besondere Arbeiter anstellt, wäre gar nicht möglich ohne massenhafte Production dieser Artikel, wird also durch diese erst hervorgerufen und entwickelt. Umgekehrt führt diese Zerlegung der Arbeit in solche ganz einfache Operationen und Handgriffe weiter 1) zu einer immer größern Billigkeit, 2) deshalb zu einer Production in immer größeren, riesenhaften Massen, zu einer immer mehr nicht auf diese und jene nahegelegene Absatzkreise, sondern auf den ganzen Weltmarkt berechneten Production und 3) hierdurch und durch die neuen Zerlegungen, die sich hierdurch bei den einzelnen Arbeitsoperationen anbringen lassen, wieder zu immer größeren Fortschritten in der Theilung der Arbeit selbst.

Durch die Reihe dieser Wechselwirkungen war allmählich eine totale Umänderung in der gesellschaftlichen Arbeit und somit in allen Lebensverhältnissen der Gesellschaft eingetreten.

Dieser Umschwung läßt sich in der Kürze am Besten auf folgenden Gegensatz reduciren:

Im früheren Mittelalter hatte man, da nur eine sehr geringe Anzahl von kostbaren Producten die Theuerkeit des Transportes ertrug, producirt für das Bedürfniß der eigenen Localität und sehr beschränkter nahe gelegener Absatzkreise, deren Bedürfniß eben deshalb ein bekanntes, festes und umschwankendes war. Das Bedürfniß oder die Nachfrage war der Production oder dem Angebot vorausgegangen und bildete die bekannte Richt=

schnur dafür. Oder mit anderen Worten: Die gesellschaftliche
Production war vorherrschend eine handwerksmäßige gewesen. Denn dies ist eben im Unterschied von dem Fabrikations-
oder Großbetrieb der Charakter des kleinen oder Handwerksbe-
triebs, daß entweder das Bedürfniß abgewartet wird, um zu
produciren, wie z. B. der Schneider meine Bestellung abwartet,
um mir einen Rock zu machen, der Schlosser, um mir ein Schloß
zu verfertigen, oder daß doch, wenn auch manche Gegenstände
im Voraus gearbeitet werden, sich im Ganzen diese Vorausarbeit
beschränkt auf ein Minimum des erfahrungsmäßig genau bekannten Bedürfnisses in der eignen Localität und ihrer nächsten Nach-
barschaft, wie z. B., wenn ein Klempner eine gewisse Anzahl
von Lampen im Voraus arbeitet, von denen er weiß, daß der
städtische Bedarf sie bald absorbirt haben muß.

Die charakteristischen Eigenschaften einer vorherrschend in
dieser Weise producirenden Gesellschaft, meine Herren, sind Armuth oder doch nur eine bescheidene Wohlhabenheit und dagegen
eine gewisse Festigkeit und Stabilität aller Verhältnisse.

Jetzt dagegen war allmählich durch die unablässige Wechsel-
wirkung, die ich Ihnen geschildert habe, ein total entgegengesetzter
Charakter der gesellschaftlichen Arbeit und damit aller Lebensver-
hältnisse eingetreten; schon war im Keime derselbe Charakter
eingetreten, der heute in einer freilich ganz anders ausgebilde-
ten, in einer riesenhaft entwickelten Weise die gesellschaftliche Arbeit kennzeichnet. In dieser riesenhaften Entwicklung, die er heute
hat, läßt sich dieser Charakter im Gegensatz zu dem früher ge-
schilderten also kennzeichnen: Wenn früher das Bedürfniß vor-
ausging, dem Angebot, der Production, diese nach sich zog und
bestimmte, ihre Richtschnur und ihr bekanntes Maß bildete,
so geht jetzt die Production, das Angebot, dem Bedürfniß voraus und sucht dieses zu erzwingen. Es wird producirt nicht
mehr für die Localität, nicht mehr für das bekannte Bedürfniß
nahe gelegener Absatzkreise, sondern für den Weltmarkt. Es
wird producirt in's Weite und Allgemeine hinein, für alle Welttheile, für ein schlechthin unbekanntes und nicht zu bestimmendes
Bedürfniß, und damit das Product sich das Bedürfniß nach

ihm erzwingen kann, wird ihm eine Waffe mitgegeben, die Billigkeit. Die Billigkeit ist die Waffe des Products, mit der sich es einerseits den Käufer erobert und mit der es andrerseits alle andere Waaren derselben Art aus dem Felde schlägt, die gleichfalls auf den Käufer eindringen wollen, so daß in der That unter dem System der freien Concurrenz ein jeder Producent hoffen kann, wie riesenhafte Massen er auch producire, für alle diese Absatz zu gewinnen, wenn es ihm nur gelingt, durch bessere Bewaffnung seiner Waare mit Billigkeit die Waaren seiner Mitproducenten kampfunfähig zu machen.

Der hervorstechende Charakter einer solchen Gesellschaft ist großer, unermeßlicher Reichthum, andrerseits ein großes Schwanken aller Verhältnisse, eine fast beständige sorgenvolle Unsicherheit in der Lage der Einzelnen, verbunden mit einer sehr verschiedenartigen Betheiligung der zur Production Mitwirkenden an dem Gewinn der Production.

So groß also, meine Herren, war der Umschwung gewesen, welchen die stille, revolutionäre, unterwühlende Thätigkeit der Industrie schon vor dem Ende des vorigen Jahrhunderts unmerklich in dem Herzen der Gesellschaft herbeigeführt hatte.

Wenn die Männer der Bauernkriege noch nicht gewagt hatten, auch nur einen andern Gedanken zu fassen, als den, den Staat auf den Grundbesitz zu gründen, wenn sie noch nicht einmal im Gedanken sich von der Anschauung loszuwinden vermocht hatten, daß der Grundbesitz das nothwendig die Herrschaft über den Staat führende Element, und die Theilnahme an diesem Besitz die Bedingung für die Theilnahme an dieser Herrschaft sei, so hatte es der stille, unmerklich revolutionirende Fortschritt der Industrie dahin gebracht, daß bereits lange vor Ende des vorigen Jahrhunderts der Grundbesitz zu einem seiner frühern Wichtigkeit verhältnißmäßig völlig entkleideten Element geworden und neben der Entwicklung der neuen Productionsweisen und der Reichthümer, die sie in ihrem Schoße barg und täglich aufhäufte, des immensen Einflusses, den sie dadurch über die ganze Bevölkerung und ihre Verhältnisse, sogar auf den zum

großen Theil arm gewordenen Adel selbst ausübte, zu einer un=
tergeordneten Stelle herabgesunken war.

Die Revolution war somit bereits in dem Innern der Ge=
sellschaft, in den thatsächlichen Verhältnissen derselben einge=
treten, lange ehe sie in Frankreich ausbrach, und es war nur
noch erforderlich, diesen Umschwung auch zur äußern Aner=
kennung zu bringen, ihm rechtliche Sanction zu geben.

Dies ist überhaupt bei allen Revolutionen der Fall,
meine Herren! Man kann nie eine Revolution machen; man
kann immer nur einer Revolution, die schon in den thatsächlichen
Verhältnissen einer Gesellschaft eingetreten ist, auch äußere recht=
liche Anerkennung und consequente Durchführung
geben.

Eine Revolution machen wollen, ist die Thorheit unreifer
Menschen, die von den Gesetzen der Geschichte keine Ahnung haben.

Eben deßhalb ist es eben so unreif und eben so kindisch, eine
Revolution, die sich bereits einmal in den Eingeweiden einer Ge=
sellschaft vollzogen hat, zurückdämmen und sich ihrer rechtlichen
Anerkennung widersetzen oder einer solchen Gesellschaft oder Ein=
zelnen, die sich bei diesem Hebammendienst betheiligen, den Vor=
wurf machen zu wollen, daß sie revolutionär seien. Ist die Re=
volution drin in der Gesellschaft, in ihren thatsächlichen Verhält=
nissen, so muß sie, da hilft nichts, auch herauskommen und in
die Gesetzsammlung übergehen.

Wie sich dies verhält und wie weit es hierin in der Zeit, von
der ich spreche, bereits gekommen war, sehen Sie am besten an
einer Thatsache, die ich noch erwähnen will.

Ich habe Ihnen vorhin von der Theilung der Arbeit gespro=
chen, deren Entwicklung darin besteht, jede Production in eine
Reihe ganz einfacher, mechanischer und verstandloser Operationen
zu zerlegen.

Indem diese Zerlegung immer weiter fortschreitet, entdeckt man
endlich, daß sich diese einzelnen Operationen, da sie ganz einfach
und verstandlos sind, eben so gut und besser auch von verstand=
losen Factoren vollbringen lassen, und so erfindet im Jahre 1775,
also 14 Jahre vor der französischen Revolution, Arkwright in

England die erste Maschine, seine berühmte Baumwollenspinn=
maschine.

Man kann sagen, daß diese Maschine an und für sich schon
die Revolution, nicht hervorbrachte, dazu geht ihr diese Erfindung,
die überdies auch nicht augenblicklich in Frankreich eingeführt wurde,
viel zu kurze Zeit vorher, sondern daß sie die bereits thatsächlich
eingetretene, bereits vollzogene Revolution in sich verkörperte. Sie
war selbst schon, so unschuldig sie aussah, diese Maschine, die le=
bendig gewordene Revolution.

Die Gründe hierfür sind einfach.

Sie werden von der Zunftverfassung gehört haben, in welcher
sich die mittelalterliche Production bewegte.

Ich kann hier auf das Wesen der mittelalterlichen Zünfte so
wenig eingehen, wie auf dasjenige der seit der französischen Re=
volution überall an die Stelle der Zünfte getretenen freien Con=
currenz. Ich kann hier nur in Weise einer Versicherung die That=
sache hinstellen, daß das mittelalterliche Zunftwesen untrennbar
mit den anderweitigen Einrichtungen des Mittelalters verbunden
war. Kann ich Ihnen aber auch heut die Gründe dieser untrenn=
baren Verbindungen nicht klar legen, so läßt sich die Thatsache
selbst doch schon geschichtlich beweisen. Die Zünfte haben das
ganze Mittelalter hindurch bis zur französischen Revolution ge=
dauert. Schon im Jahr 1672 wird über ihre Aufhebung auf
dem deutschen Reichstag verhandelt — aber vergeblich. Ja schon
im Jahre 1614 wird auf den französischen États généraux, den
französischen Reichsständen, von der Bourgeoisie die Abschaffung
der Zünfte, welche sie in der Production bereits überall beengten,
verlangt. Eben so vergeblich. Ja noch mehr, dreizehn Jahre
vor der Revolution, im Jahre 1776, hebt ein reformirender Mi=
nister in Frankreich, der berühmte Turgot, die Zünfte auf. Aber
die feudale privilegirte Welt des Mittelalters erblickte sich, und
mit vollkommenem Recht, in Todesgefahr, wenn ihr Lebensprin=
cip, das Privileg, nicht alle Classen der Gesellschaft durchdränge,
und so wird denn der König sechs Monat nach Aufhebung der
Zünfte vermocht, sein Edict zu widerrufen und die Zünfte wie=
der herzustellen. Erst die Revolution stürzte — diese aber auch

an einem Tage durch den Bastillesturm — was in Deutschland
seit 1672, in Frankreich seit 1614, also seit fast zwei Jahr=
hunderten, auf legalem Wege vergeblich erstrebt worden war.

Sie ersehen daraus, meine Herren, daß, welche große Vor=
theile auch dem Reformiren auf legalem Wege zukommen, dieser
doch wieder bei allen wichtigeren Punkten den einen großen Nach=
theil hat, von einer sich über ganze Jahrhunderte hin erstreckenden
Ohnmacht zu sein, und andrerseits, daß der revolutionäre Weg,
mit wie unläugbaren Nachtheilen er auch verbunden ist, dafür
den einen Vortheil hat, schnell und energisch zu einem praktischen
Ziele zu führen.

Halten Sie nun, meine Herren, mit mir einen Augenblick
die Thatsache fest, daß die Zünfte in einer untrennbaren Weise
mit der gesammten gesellschaftlichen Einrichtung des Mittelalters
verbunden waren, so ersehen Sie sofort, wie die erste Maschine,
jene Baumwollenspinnmaschine, die Arkwright erfand, eine voll=
ständige Umwälzung jener gesellschaftlichen Zustände bereits in
sich enthielt.

Denn wie sollte die Production mit Maschinen möglich sein
unter der Zunftverfassung, bei welcher die Anzahl von Gesellen
und Lehrlingen, welche ein Meister halten durfte, in jeder Lo=
calität gesetzlich bestimmt war? Oder wie sollte unter der Zunft=
verfassung, bei welcher die verschiedenen Arbeitszweige auf das
Genaueste gesetzlich von einander abgegrenzt waren und jeder
Meister nur einen derselben betreiben durfte, so daß z. B. die
Schneider von Paris mit den Flickschneidern, die Nagelschmiede
mit den Schlossern hundertjährige Processe führten, um die Gren=
zen zwischen ihren Gewerben festzustellen — wie sollte unter einer
solchen Zunftverfassung die Production mit einem System von
Maschinen möglich sein, welche vielmehr die Verbindung der ver=
schiedenartigsten Arbeitsgattungen unter der Hand eines und des=
selben Capitals erfordert?

Es war also dahin gekommen, daß die Production selbst
durch ihre beständige schrittweise Vervollkommnung Productions=
instrumente hervorgebracht hatte, welche den bestehenden Zustand
der Dinge in die Luft sprengen mußten, Productionsinstrumente

2

und Productionsweisen, welche in diesem Zustand keinen Platz und Entwickelungsraum mehr finden konnten.

In diesem Sinne, sagte ich, war die erste Maschine bereits an und für sich eine Revolution, denn sie trug in ihren Kämmen und Rädern, so wenig ihr dies auch bei der äußerlichen Betrachtung anzusehen gewesen wäre, bereits im Keime den ganzen auf die freie Concurrenz gebauten neuen Zustand der Gesellschaft in sich, der sich mit der Kraft und Nothwendigkeit des Lebens aus diesem Keime entwickeln mußte.

Und so mag es, wenn ich nicht sehr irre, auch heute sein, meine Herren, daß bereits mehrfache Erscheinungen existiren, welche einen neuen Zustand der Dinge in sich tragen und ihn mit Nothwendigkeit aus sich entwickeln müssen, Erscheinungen, denen man dies gleichwohl auf den äußerlichen Blick durchaus nicht ansieht, so daß an ihnen, während man unbedeutende Agitatoren verfolgt, selbst die Behörden nicht nur unbefangen vorübergehen, sondern sie sogar als nothwendige Träger unserer Cultur gelten lassen, als Blüthen und Höhepunkte derselben begrüßen und ihnen bei Gelegenheit anerkennende und preisende Festreden halten.

Nach allen diesen Erörterungen, meine Herren, werden Sie nun ganz begreifen die wahre Bedeutung der berühmten Broschüre, welche 1788, ein Jahr vor der französischen Revolution, der Abbé Sieyes veröffentlichte, und welche sich in die Worte resümirt: qu'est-ce que c'est que le tiers état? rien! qu'est qu'il doit être? tout!

Tiers état, oder dritter Stand, wurde nämlich in Frankreich die Bourgeoisie deshalb genannt, weil sie auf den französischen Reichsständen den beiden bevorrechteten Ständen, dem Adel und der Geistlichkeit gegenüber den dritten Stand bildete, der das ganze nicht privilegirte Volk bedeutete.

Jene Broschüre faßt sich also in die beiden von Sieyes daselbst aufgestellten Fragen und ertheilten Antworten zusammen: „Was ist der dritte Stand? Nichts! Was sollte er sein? Alles?"

So formulirt Sieyes diese beiden Fragen und Antworten. Schärfer und richtiger ausgedrückt war aber, wie aus allem Frühern folgt, die wahre Bedeutung dieser Fragen und Antworten vielmehr folgende:

„Was ist der dritte Stand factisch, thatsächlich. Alles. Was aber ist er rechtlich? Nichts!"

Es handelte sich also darum, die rechtliche Stellung des dritten Standes seiner thatsächlichen Bedeutung gleich zu machen; es handelte sich darum, seine thatsächlich schon vorhandene Bedeutung auch zur rechtlichen Sanction und Anerkennung zu bringen — und dies eben ist das Werk und die Bedeutung der siegreichen Revolution, die 1789 in Frankreich ausbrach und ihren umgestaltenden Einfluß auch auf die anderen Länder Europa's ausübte.

Ich habe ihnen hier nicht, meine Herren, die Geschichte der französischen Revolution zu geben. Nur die wichtigsten und entscheidendsten Uebergangspunkte der gesellschaftlichen Perioden können wir hier betrachten, und auch diese nur wegen der sonst dazu erforderlichen Zeitdauer, ganz kurz und flüchtig.

Es ist daher hier die Frage aufzuwerfen, wer war dieser dritte Stand oder die Bourgeoisie, welche durch die französische Revolution den Sieg über die privilegirten Stände und die Herrschaft über den Staat erlangt?

Da dieser dritte Stand den privilegirten, gesetzlich bevorrechteten Ständen der Gesellschaft gegenüber stand, so faßte er damals im ersten Augenblick sich selbst als gleichbedeutend mit dem gesammten Volke, seine Sache als die Sache der ganzen Menschheit auf. Daher die erhebende und gewaltige Begeisterung, die in jener Periode herrscht. Die Menschenrechte werden erklärt und es scheint, als habe mit der Befreiung und Herrschaft des dritten Standes alle gesetzliche Bevorrechtung in der Gesellschaft aufgehört und als sei jede rechtliche, privilegirte Unterscheidung in die Eine Freiheit des Menschen untergegangen.

Zwar schreibt schon damals, ganz im Anfang der Bewegung, im April 1789 bei Gelegenheit der Wahlen zu den Reichsständen, die vom König mit der Bestimmung zusammengerufen waren, daß der dritte Stand diesmal allein eben so viele Vertreter schicken solle, wie Adel und Geistlichkeit zusammen genom-

men, zwar schreibt schon damals ein durchaus nicht revolutionä=
res Blatt*) wie folgt: »qui peut nous dire, si le despotisme
de la bourgeoisie ne succédera pas à la prétendue ari-
stocratie des nobles?« zu deutsch: „Wer kann uns sagen, ob
der Despotismus der Bourgeoisie nicht folgen wird auf die an=
gebliche Aristokratie der Adligen?"

Aber solche Rufe wurden in der allgemeinen Begeisterung
damals noch völlig überhört.

Nichtsdestoweniger müssen wir zu jener Frage zurückkehren;
wir müssen die Frage bestimmt aufwerfen: war die Sache des
dritten Standes wirklich die Sache der ganzen Menschheit,
oder trug dieser dritte Stand, die Bourgeoisie, innerlich noch
einen vierten Stand in seinem Herzen, von welchem er sich
wieder seinerseits rechtlich abscheiden und ihn seiner Herrschaft
unterwerfen wollte?

Es ist hier an der Zeit, meine Herren, wenn ich nicht Ge=
fahr laufen will, daß mein Vortrag vielleicht großen Mißver=
ständnissen ausgesetzt sei, mich über die Bedeutung des Wortes
Bourgeoisie oder große Bourgeoisie als politischer Par=
teibezeichnung, mich über die Bedeutung, die das Wort Bour=
geoisie in meinem Munde hat, auszusprechen.

In die deutsche Sprache würde das Wort: Bourgeoisie mit
Bürgerthum zu übersetzen sein. Diese Bedeutung aber hat
es bei mir nicht; Bürger sind wir alle, der Arbeiter, der
Kleinbürger, der Großbürger u. s. w. Das Wort Bourgeoisie
hat vielmehr im Lauf der Geschichte die Bedeutung angenommen,
eine ganz bestimmte politische Richtung zu bezeichnen,
die ich nun sofort darlegen will.

Die gesammte nicht adlige bürgerliche Klasse zerfiel, als die
französische Revolution eintrat, und zerfällt noch heute im Gro=
ßen und Ganzen wieder in zwei Unterklassen; nehmlich erstens
die Klasse derer, welche ganz oder hauptsächlich aus ihrer
Arbeit ihr Einkommen beziehen und hierin durch gar kein oder

---

*) Der Ami du roi, sieh. Buchez et Roux, Hist. parlament.
T. I. p. 310.

nur durch ein bescheidenes Kapital unterstützt werden, welches ihnen eben die Möglichkeit giebt, eine productive, sie und ihre Familie ernährende Thätigkeit auszuüben; in diese Klasse gehören also die Arbeiter, die Kleinbürger und Handwerker und im Ganzen die Bauern. Und zweitens die Klasse derer, welche über einen großen bürgerlichen Besitz, über das große Kapital verfügen und auf Grund einer solchen großen Kapitalbasis produciren oder Renten-Einkommen daraus beziehen. Man könnte diese die Großbürger nennen. Aber auch ein Großbürger, meine Herren, ist darum an und für sich noch durchaus kein Bourgeois!

Kein Bürgerlicher hat etwas dagegen, wenn ein Adliger sich in seinem Zimmer über seine Ahnen und seinen Grundbesitz freut. Aber wenn der Adlige diese Ahnen oder diesen Grundbesitz zur Bedingung einer besonderen Geltung und Berechtigung im Staat, zur Bedingung einer Herrschaft über den Staatswillen machen will, — dann beginnt der Zorn des Bürgerlichen gegen den Adligen, und er nennt ihn einen Feudalen.

Es verhält sich nur ganz entsprechend mit den thatsächlichen Unterschieden des Besitzes innerhalb der bürgerlichen Welt.

Daß sich der Großbürger in seinem Zimmer der großen Annehmlichkeit und des großen Vortheils erfreue, welche ein großer bürgerlicher Besitz für den Besitzenden in sich schließt, — nichts einfacher, nichts natürlicher und nichts rechtmäßiger als das!

So sehr der Arbeiter und der Kleinbürger, mit einem Worte die ganze nicht Kapital besitzende Klasse, berechtigt ist, vom Staate zu verlangen, daß er sein ganzes Sinnen und Trachten darauf richte, wie die kummervolle und nothbeladene materielle Lage der arbeitenden Klassen zu verbessern, und wie auch ihnen, durch deren Hände alle die Reichthümer producirt worden, mit denen unsere Civilisation prunkt, deren Händen alle die Producte ihre Entstehung verdanken, ohne welche die gesammte Gesellschaft keinen Tag existiren könnte, zu einem reichlicheren und gesicherten Erwerbe und damit wieder zu der Möglichkeit geistiger Bildung und somit erst zu einem wahrhaft menschenwürdigen Dasein zu verhelfen sei — wie sehr, sage ich, die arbeitenden Klas-

sen auch berechtigt sind, dies vom Staate zu fordern und dies
als seinen wahrhaften Zweck hinzustellen, so darf und wird den=
noch der Arbeiter niemals vergessen, daß alles einmal erworbene
gesetzliche Eigenthum vollständig unantastbar und rechtmäßig ist.

Wenn aber der Großbürger, nicht zufrieden mit der that=
sächlichen Annehmlichkeit eines großen Besitzes, den bürger=
lichen Besitz, das Kapital, auch noch als die Bedin=
gung hinstellen will, an der Herrschaft über den Staat, an der
Bestimmung des Staatswillens und Staatszweckes Theil zu
nehmen, dann erst wird der Großbürger zum Bourgeois, dann
macht er die Thatsache des Besitzes zur rechtlichen Bedingung
der politischen Herrschaft, dann characterisirt er sich als einen
neuen privilegirten Stand im Volke, der nun das herr=
schende Gepräge seines Privilegiums allen gesellschaftlichen
Einrichtungen eben so gut aufdrücken will, wie dies der Adel
im Mittelalter, wie wir gesehen haben, mit dem Privilegium des
Grundbesitzes gethan.

Die Frage, die wir also in Bezug auf die Französische Re=
volution und die von ihr eingeleitete Geschichtsperiode zu erheben
haben, ist somit die: hat sich der dritte Stand, der durch die
Französische Revolution zur Herrschaft kam, in diesem Sinne als
Bourgeoisie aufgefaßt und das Volk seiner privilegirten politi=
schen Herrschaft unterwerfen wollen und unterworfen?

Die Antwort hierauf haben die großen Thatsachen der Ge=
schichte zu ertheilen, und diese Antwort ist eine entschieden
bejahende.

Wir können nur einen rapiden Blick auf die allerwichtigsten
dieser Thatsachen werfen, die aber zur Entscheidung der Frage
hinreichen.

Schon in der ersten Verfassung, welche die Folge der Fran=
zösischen Revolution war, in der Verfassung vom 3. September
1791, wird (Kap. I. Sect. I. und II.) der Unterschied zwischen
citoyen actif und citoyen passiv, zwischen activen Bürgern
und passiven Bürgern aufgestellt. Nur die activen Bürger erhal=
ten das Wahlrecht, und ein activer Bürger ist, dieser Verfassung

zufolge, nur derjenige, der eine directe Steuer von einer gewissen näher bestimmten Höhe zahlt.

Dieser Steuerbetrag war damals seinem Umfange nach noch mäßig bestimmt; er sollte nur den Werth dreier Arbeitstage, also wenn wir den Arbeitstag z. B. auf 10 Sgr. schätzen, den Werth von 1 Thlr. betragen. Aber noch wichtiger war, daß alle diejenigen für nicht active Bürger erklärt wurden, welche serviteurs à gages waren, um Lohn dienten, durch welche Bestimmung der Arbeiterstand ausdrücklich vom Wahlrecht aus= geschlossen wurde. Endlich kommt es bei solchen Fragen nicht einmal auf den Umfang an, sondern auf das Princip.

Es war ein Census eingeführt; d. h. ein bestimmter bür= gerlicher Besitz als die Bedingung hingestellt, durch das Wahlrecht — dieses erste und wichtigste aller politischen Rechte — an der Bestimmung des Staatswillens und Staatszweckes Theil nehmen zu können.

Alle diejenigen, welche überhaupt keine directe Steuer oder keine von diesem Betrage zahlten, oder Lohnarbeiter waren, waren von der Herrschaft über den Staat ausgeschlossen und zu einer beherrschten unterworfenen Masse gemacht. Der bürger= liche Besitz oder der Kapital=Besitz war die Bedingung zur Herrschaft über den Staat geworden, wie im Mittelalter der adlige Besitz oder der Grundbesitz.

Dies Princip des Census bleibt — mit Ausnahme einer sehr kurzen Periode, der Französischen Republik von 1793, die an ihrer eigenen Unklarheit und an der ganzen Lage der damaligen Verhältnisse zu Grunde ging, und auf die ich hier nicht näher eingehen kann — das leitende Princip aller Verfassungen, die aus der Französischen Revolution hervorgingen.

Ja, mit jener Consequenz, die allen Principien eigen ist, mußte sich dasselbe gar bald auch zu einem ganz andern quanti= tativen Umfang entwickeln.

In der Verfassung von 1814 wurde von der octroyirten Charte, die Louis XVIII. erließ, ein directer Steuerbetrag von 300 Francs, also von 80 Thalern, an Stelle jenes früheren vom Werthe dreier Arbeitstage als Bedingung des Wahlrechts festge=

ſtellt. Die Juli=Revolution von 1830 bricht aus, und nichts=
beſtoweniger wird durch das Geſetz vom 19. April 1831 ein di=
rekter Steuerbetrag von 200 Francs, alſo von ca. 53 Thalern,
als Bedingung des Wahlrechts gefordert.

Was unter Louis Philipp und Guizot das pays légal, das
geſetzliche Land, nämlich das „geſetzlich in Betracht kommende
Land" genannt wurde, beſtand aus 200,000 Männern. Es gab
nicht mehr als 200,000 mit jenem bürgerlichen Beſitz ausgerüſtete
Wähler in Frankreich, welche die Herrſchaft führten über ein
Land von über 30 Millionen Einwohnern.

Es muß hier beiläufig bemerkt werden, daß es ſelbſtredend
ganz gleichgültig iſt, ob das Princip des Cenſus, die Aus=
ſchließung der Nichtbeſitzenden vom Wahlrecht auftritt, wie in
den angeführten Verfaſſungen, in direkter und offener, oder
in einer irgendwie verkappten Form. Die Wirkung iſt immer
dieſelbe.

So konnte die zweite Franzöſiſche Republik im Jahre 1850
das einmal erklärte allgemeine und direkte Wahlrecht, das wir
im Verlauf noch betrachten werden, unmöglich offen widerrufen.
Aber ſie half ſich damit, daß ſie durch das Geſetz vom 31. Mai
1850 nur ſolche Bürger zum Wahlrecht in einem Orte zuließ,
welche an demſelben Ort ſchon ſeit mindeſtens 3 Jahren unun=
terbrochen domicilirt waren. Weil nämlich die Arbeiter in
Frankreich durch ihre Lage häufig gezwungen ſind, den Ort zu
wechſeln und in einer andern Gemeinde Arbeit und Beſchäftigung
zu ſuchen, hoffte man, und mit gutem Grunde, überaus große
Maſſen von Arbeitern, die den Nachweis eines dreijährigen un=
unterbrochenen Domicils an demſelben Ort nicht führen konnten,
von dem Wahlrechte auszuſchließen.

Hier haben Sie alſo einen Cenſus in verkappter Form.

Noch viel ſchlimmer iſt es bei uns ſeit dem octroyirten Drei=
klaſſen=Wahlgeſetz, wo alſo, je nach den Verhältniſſen der Loka=
lität, 3, 10, 30 und mehr nichtbeſitzende Wähler der dritten
Klaſſe nur daſſelbe Wahlrecht ausüben, wie ein einziger großer
Kapitalbeſitzer, ein Großbürger, welcher der erſten Wählerklaſſe
angehört, ſo daß alſo in Wahrheit, wäre das Verhältniß z. B.

im Durchschnitt wie 1 : 10, immer je 9 Männer von zehn solchen, welche im Jahre 1848 Wahlrecht besaßen, es durch das octroyirte Dreiklassen-Wahlgesetz des Jahres 1849 verloren haben und es nur noch zum Schein ausüben.

Um Ihnen aber zu zeigen, wie sich dies nun wirklich im Durchschnitt verhält, brauche ich Ihnen blos einige auf officiellen amtlichen Listen beruhende Zahlen mitzutheilen.

Im Jahre 1848 hatten wir in Folge des damals eingeführten allgemeinen Wahlrechts 3,661,993 Urwähler.

Durch das octroyirte Dreiklassen-Wahlgesetz vom 30. Mai 1849 wurde nun zuvörderst dadurch, daß man denjenigen, welche keinen festen Wohnsitz hatten, oder Armenunterstützung empfingen, das Wahlrecht entzog, die Zahl der Wähler auf 3,255,703 herabgesetzt. 406,000 Männern wurde also schon hierdurch das Wahlrecht entzogen. Dies war jedoch noch das Wenigste.

Die übrigbleibenden 3,255,000 Urwähler zerfielen nun nach dem octroyirten Wahlgesetz in drei Klassen, und zwar gehörten laut den amtlichen Listen, die nach Erlaß des octroyirten Wahl-gesetzes im Jahre 1849 aufgenommen wurden.

1) zur ersten Wählerklasse . . . 153,808 Mann.

2) zur zweiten Wählerklasse . . 409,945 =

3) zur dritten Wählerklasse . . . 2,691,950 =

Lassen wir nun selbst die zweite Wählerklasse ganz aus dem Spiel und vergleichen nur die erste und die dritte Wählerklasse, die Großbürger und die Nichtbesitzenden, mit einander, so üben also 153,800 Reiche dasselbe Wahlrecht aus, wie 2,691,950, die zur Arbeiter-, Kleinbürger- und Bauernklasse gehören, d. h. ein Reicher übt dasselbe Wahlrecht aus, das siebzehn Nichtbesitzende ausüben. Und gehen wir nun von der thatsächlichen Grundlage aus, daß im Jahre 1848 durch das Gesetz vom 8. April 1848 bereits das allgemeine Wahlrecht gesetzlich bestand, daß damals also 153,800 Arbeiter oder Kleinbürger beim Wählen 153,800 Reiche aufwogen, also ein Nichtbesitzender einen Reichen auf-wog, so zeigt sich, daß jetzt, wo erst siebzehn Aermere das Wahlrecht eines Reichen aufwiegen, immer 16 Arbeitern und

Kleinbürgern unter 17 ihr gesetzliches Wahlrecht entrissen wor=
den ist.

Aber auch dies, meine Herren, ist nur das Durchschnitts=
Verhältniß. In der Wirklichkeit gestaltet sich die Sache, wegen
der verschiedenen Verhältnisse der Lokalitäten, noch ganz anders,
noch viel ungünstiger, am ungünstigsten überall da, wo die Un=
gleichheiten des Besitzes am entwickeltsten sind. So hat der Re=
gierungsbezirk Düsseldorf 6356 Wähler erster Klasse und 166,300
Wähler dritter Klasse; es üben also dort erst 26 Wähler dritter
Klasse dasselbe Wahlrecht aus, wie ein Reicher.

Kehren wir von dieser Ausführung zu unserem Hauptfaden
zurück, so haben wir also gezeigt und haben weiter zu zeigen,
wie, seitdem durch die französische Revolution die Bourgeoisie zur
Herrschaft gelangte, jetzt ihr Element, der bürgerliche Besitz,
zum herrschenden Princip aller gesellschaftlichen Einrichtungen
gemacht wird; wie die Bourgeoisie, ganz so verfahrend, wie der
Adel im Mittelalter mit dem Grundbesitz, jetzt das herr=
schende und ausschließende Gepräge ihres besonderen Princips,
des bürgerlichen oder Kapitalbesitzes, das Gepräge ihres Privi=
legiums allen Einrichtungen der Gesellschaft aufdrückt. Die
Parallele zwischen Adel und Bourgeoisie ist darin eine voll=
ständige.

In Bezug auf den wichtigsten Fundamentalpunkt, auf die
Reichsverfassung, haben wir dies bereits betrachtet. Wie im
Mittelalter der Grundbesitz das herrschende Princip der Ver=
tretung auf den deutschen Reichstagen war, so ist jetzt im direkten
oder verkappten Census der Steuerbetrag und somit, da dieser
durch das Kapitalvermögen eines Mannes bedingt wird, in letzter
Instanz der Kapitalbesitz dasjenige, was das Wahlrecht zu
den Kammern und somit den Antheil an der Herrschaft über den
Staat, bestimmt.

Eben so in Bezug auf alle andern Erscheinungen, bei denen
ich Ihnen im Mittelalter den Grundbesitz als das herrschende
Princip nachgewiesen habe.

Ich hatte Sie damals auf die Steuerfreiheit des adligen
Grundbesitzes im Mittelalter aufmerksam gemacht und hatte Ihnen

gesagt, daß jeder herrschende privilegirte Stand die Lasten zur Aufrechterhaltung des öffentlichen Wohles auf die unter= drückten, nicht besitzenden Klassen abzuwälzen sucht.

Ganz ebenso die Bourgeoisie. Zwar kann sie freilich nicht offen erklären, daß sie steuerfrei sein will. Ihr ausgesprochenes Princip ist vielmehr in der Regel, daß ein Jeder im Verhältniß zu seinem Einkommen steuern solle. Aber sie erreicht wiederum, mindestens so gut es geht, dasselbe Resultat in verkappter Form durch die Unterscheidung von direkten und indirekten Steuern.

Direkte Steuern, meine Herren, sind solche, welche, wie die klassifizirte Einkommensteuer oder die Klassensteuer, vom Ein= kommen erhoben werden und sich daher nach der Größe des Ein= kommens und Kapitalbesitzes bestimmen. Indirekte Steuern aber sind solche, die auf irgend welche Bedürfnisse, z. B. auf Salz, Getreide, Bier, Fleisch, Heizungsmaterial, oder z. B. auf Be= dürfniß nach Rechtsschutz, Justizkosten, Stempelbogen rc. gelegt werden, und die sehr häufig der Einzelne in dem Preise der Dinge bezahlt, ohne zu wissen und zu merken, daß er jetzt steuert, daß es die Steuer ist, welche ihm den Preis der Dinge ver= theuert.

Nun wird Ihnen bekannt sein, meine Herren, daß Jemand, der 20=, 50=, 100mal so reich ist, als ein anderer, deshalb durchaus nicht 20=, 50=, 100mal so viel Salz, Brod, Fleisch, 50= oder 100mal so viel Bier oder Wein trinkt, 50= oder 100mal so viel Bedürfniß nach Ofenwärme und also nach Heizungs= material hat, wie ein Arbeiter oder Kleinbürger.

Hierdurch kommt es, daß der Betrag aller indirekten Steuern, statt die Individuen nach Verhältniß ihres Kapitals und Einkommens zu treffen, seinem bei weitem größten Theile nach von den Unbemittelten, von den ärmeren Klassen der Nation gezahlt wird. Nun hat zwar die Bourgeoisie die indirekten Steuern nicht eigentlich erfunden; sie existirten schon früher. Aber die Bourgeoisie hat sie erst zu einem unerhörten Systeme entwickelt und ihnen beinahe den gesammten Betrag der Staatsbedürfnisse aufgebürdet.

Ich werfe, um Ihnen dies zu zeigen, z. B. einen Blick auf den Preußischen Staatshaushalt des Jahres 1855.

Die Gesammteinnahmen des Staats in diesem Jahre betrugen in runder Summe 108,930,000 Thaler. Davon gehen ab, aus den Domänen und Forsten fließend, also ein Staatseinkommen aus Besitzungen, das hier nicht in Betracht kommen kann, 11,967,000 Thaler. Es bleiben also ca. 97 Millionen anderweitiger Staatseinnahmen übrig. Von diesen Einnahmen würden der Eintheilung des Budgets zufolge ca. 26 Millionen aus direkten Steuern erhoben. Dies ist aber auch nicht wahr und scheint bloß so, weil unser Budget dabei nirgends nach wissenschaftlichen Grundsätzen verfährt, sondern sich nur danach richtet, in welcher Weise äußerlich die Steuern eingetrieben werden. Von diesen 26 Millionen gehen vielmehr ab 10 Millionen Grundsteuer, die zwar von dem Grundbesitzer direkt erhoben, von ihm aber wieder auf den Getreidepreis abgewälzt und somit definitiv von den Getreide-Consumenten bezahlt werden, daher eine indirekte Steuer bilden. Es gehen aus denselben Gründen ab 2,900,000 Thlr. Gewerbesteuer.

An Einnahmen aus wirklich directen Steuern bleiben nur übrig:

> 2,928,000 Thlr. aus der classificirten Einkommensteuer,
> 7,884,000 „ aus der Classensteuer und
> 2,036,000 „ aus dem Zuschlag,

zusammen 12,848,000 Thlr.

Also 12,800,000 Thlr., meine Herren, fließen in Wahrheit aus directen Steuern auf 97 Millionen Staatseinnahmen. Was über diese 12,800,000 Thlr. hinaus geht, das wird — man muß hier wieder nicht der unwissenschaftlichen Rubricirung des Budgets folgen, welches z. B. den Ertrag des Salzmonopols von 8,300,000 Thaler oder die Einnahmen aus dem Justizdienst von 8,849,000 Thaler nicht zu den indirecten Steuern rechnet, — was über diese 12,800,000 Thlr. hinausgeht, das wird, sage ich, mit Ausnahme weniger und sehr unbedeutender Posten, mit denen es eine besondere Bewandtniß hat, sammt und sonders aus Einnahmequellen aufgebracht, welche die Natur von indirecten Steuern haben, das wird also durch indirecte Steuern aufgebracht.

Die indirecte Steuer, meine Herren, ist somit das Institut, durch welches die Bourgeoisie das Privilegium der Steuerfreiheit für das große Capital verwirklicht und die Kosten des Staatswesens den ärmeren Klassen der Gesellschaft aufbürdet.

Bemerken Sie zugleich, meine Herren, den eigenthümlichen Widerspruch und die eigenthümliche Gerechtigkeit des Verfahrens, die gesammten Staatshaushaltsbedürfnisse den indirecten Steuern und somit dem armen Volke aufzubürden, zum Maßstabe aber und zur Bedingung des Wahlrechts und somit des politischen Herrschaftsrechts die direkten Steuern zu machen, welche zu dem Gesammtbedürfniß des Staats von 108 Millionen nur den verschwindend kleinen Beitrag von 12 Millionen liefern!

Ich sagte Ihnen ferner, meine Herren, von dem Adel des Mittelalters, daß alle bürgerliche Thätigkeit und Industrie in socialer Mißachtung bei ihm stand.

Ganz analog heut. Zwar jede Art von Arbeit ist heut gleich geachtet, und wenn Einer beim Lumpensammeln oder Abtrittfegen zum Millionär würde, so würde er gewiß sein können, eine große Achtung in der Gesellschaft zu finden.

Aber mit welcher socialen Mißachtung denen begegnet wird, welche, gleichviel worin und wie sehr sie arbeiten, keinen bürgerlichen Besitz hinter sich haben, — nun, das ist eine Thatsache, die Sie nicht aus meinem Vortrage zu erfahren brauchen, sondern der Sie leider oft genug im täglichen Leben begegnen können.

Ja, in gar mancher Hinsicht führt die Bourgeoisie die Herrschaft ihres besonderen Privilegiums und Elementes mit noch strengerer Consequenz durch, als dies der Adel im Mittelalter mit dem Grundbesitz gethan hatte.

Der Volksunterricht — ich spreche hier von dem Unterricht der Erwachsenen — war im Mittelalter der Geistlichkeit überlassen. Seitdem haben die Zeitungen dies Amt übernommen. Durch die Cautionen aber, welche die Zeitungen stellen müssen, und noch viel mehr durch die Stempelsteuer,

welche bei uns wie in Frankreich und anderwärts auf die Zei=
tungen gelegt wird, wird eine täglich erscheinende Zeitung zu einem
sehr kostspieligen, nur bei sehr erheblichen Capitalmitteln in das
Leben zu rufenden Institut, so daß dadurch jetzt selbst die Fähig=
keit auf die **Volksmeinung** wirken, sie aufklären und leiten
zu können, ein Privilegium des großen Capitalbesitzes geworden ist.

Wäre dies nicht, meine Herren, so würden Sie **ganz an=
dere** und **viel** bessere Zeitungen besitzen!

Es ist von Interesse zu sehen, meine Herren, wie früh dies
Bestreben der großen Bourgeoisie, aus der Presse ein Privilegium
des Capitals zu machen, bereits auftritt, und in welcher naiven,
unverhüllten Form. Am 24. Juli 1789, wenige Tage nach dem
Bastillensturm, also schon in den ersten Tagen, in welchen die
Bourgeoisie die politische Herrschaft eroberte, erließen die städti=
schen Repräsentanten der Gemeinde von Paris einen Beschluß,
durch welchen sie die Drucker für verantwortlich erklären, wenn
sie Broschüren oder Flugblätter veröffentlichen von Schriftstellern
»sans existence connue,« „ohne notorisch bekannte Existenz=
mittel."*) Die so eben erst eroberte Preßfreiheit sollte also nur
für Schriftsteller von „notorisch bekannten Existenzmitteln" da
sein. Das Eigenthum erscheint hier als Bedingung für die
Preßfreiheit, ja eigentlich sogar für die Moralität eines Schrift=
stellers! Diese Naivetät der ersten Tage der Bourgeoisherrschaft
spricht nur in kindlich offener Weise aus, was heut in künstlicher
Form durch Cautionen und Stempelsteuer erreicht wird.

Mit diesen großen, charakteristischen Thatsachen, entsprechend
unserer Betrachtung des Mittelalters, meine Herren, wollen wir
uns auch hier begnügen.

Was wir bisher gesehen haben, meine Herren, sind zwei Welt=
perioden, die jede unter der herrschenden Idee eines bestimmten
Standes der Gesellschaft stehen, welcher **sein** Princip allen Ein=
richtungen dieser Zeit aufdrückt.

Zuerst die Idee des Adels oder der **Grundbesitz**, welche

---

*) S. den Arrêté bei Buchez et Roux, Hist. parl. Tom. II. pag. 192.

das herrschende Princip des Mittelalters bildet und alle seine In=
stitutionen durchdringt.

Diese Periode lief ab mit der französischen Revolution, wenn
Sie auch begreifen werden, daß besonders in Deutschland, wo
jene Umwälzung nicht durch das Volk, sondern auf dem Wege
sehr langsamer und unvollkommener Reformen durch seine Re=
gierungen eingeführt wurde, noch sehr zahlreiche und bedeutende
Ausläufer jener ersten Geschichtsperiode existiren, zum großen Theil
heute noch die Bourgeoisie auf Schritt und Tritt hemmend.

Wir sahen zweitens die mit der französischen Revolution am
Ende des vorigen Jahrhunderts beginnende Geschichtsperiode, welche
den großen bürgerlichen Besitz oder das Capital zu ihrem
Princip hat und diesen als das Privilegium gestaltet, welches alle
gesellschaftlichen Einrichtungen durchdringt und die Theilnahme an
der Bestimmung des Staatswillens und Staatszweckes bedingt.

Auch diese Periode, meine Herren, so wenig dies äußerlich den
Anschein hat, ist innerlich bereits abgelaufen.

Am 24. Februar 1848 brach die erste Morgenröthe einer neuen
Geschichtsperiode an.

An diesem Tage brach nehmlich in Frankreich, in diesem Lande,
in dessen gewaltigen inneren Kämpfen die Siege wie die Nieder=
lagen der Freiheit, Siege und Niederlagen für die gesammte
Menschheit bedeuten, eine Revolution aus, die einen Arbeiter in
die provisorische Regierung berief, als den Zweck des Staates die
Verbesserung des Looses der arbeitenden Classen aussprach, und
das allgemeine und directe Wahlrecht proclamirte, durch welches
jeder Bürger, der sein 21. Jahr erreicht hatte, ohne alle Rück=
sicht auf seine Besitzverhältnisse einen gleichmäßigen Antheil an
der Herrschaft über den Staat, an der Bestimmung des Staats=
willens und Staatszweckes empfing.

Sie sehen, meine Herren, wenn die Revolution von 1789 die
Revolution des Tiers état, des dritten Standes war, so ist es
diesmal der vierte Stand, der 1789 noch in den Falten des
dritten Standes verborgen war und mit ihm zusammenzufallen
schien, welcher jetzt sein Princip zum herrschenden Princip der

Gesellschaft erheben und alle ihre Einrichtungen mit demselben durchdringen will.

Aber hier bei der Herrschaft des vierten Standes findet sofort der immense Unterschied statt, daß der vierte Stand der letzte und äußerste, der enterbte Stand der Gesellschaft ist, welcher keine ausschließende Bedingung weder rechtlicher noch thatsächlicher Art, weder Adel noch Grundbesitz, noch Capitalbesitz, mehr aufstellt und aufstellen kann, die er als ein neues Privilegium gestalten und durch die Einrichtungen der Gesellschaft hindurch führen könnte.

Arbeiter sind wir alle, insofern wir nur eben den Willen haben, uns in irgend einer Weise der menschlichen Gesellschaft nützlich zu machen.

Dieser vierte Stand, in dessen Herzfalten daher kein Keim einer neuen Bevorrechtung mehr enthalten ist, ist eben deshalb gleichbedeutend mit dem ganzen Menschengeschlecht. Seine Sache ist daher in Wahrheit die Sache der gesammten Menschheit, Seine Freiheit ist die Freiheit der Menschheit selbst, Seine Herrschaft ist die Herrschaft Aller.

Wer also die Idee des Arbeiterstandes als das herrschende Princip der Gesellschaft anruft, in dem Sinne, wie ich Ihnen dies entwickelt, der stößt nicht einen die Klassen der Gesellschaft spaltenden und trennenden Schrei aus; der stößt vielmehr einen Schrei der Versöhnung aus, einen Schrei, der die ganze Gesellschaft umfaßt, einen Schrei der Ausgleichung für alle Gegensätze in den gesellschaftlichen Kreisen, einen Schrei der Einigung, in den alle einstimmen sollten, welche Bevorrechtung und Unterdrückung des Volkes durch privilegirte Stände nicht wollen, einen Schrei der Liebe, der, seitdem er sich zum ersten Male aus dem Herzen des Volkes emporgerungen, für immer der wahre Schrei des Volkes bleiben, und um seines Inhalts willen selbst dann noch ein Schrei der Liebe sein wird, wenn er als Schlachtruf des Volkes ertönt.

Das Princip des Arbeiterstandes als das herrschende Princip der Gesellschaft soll jetzt von uns nur noch in dreierlei Beziehung betrachtet werden:

1) in Bezug auf das formelle Mittel seiner Verwirklichung;

2) in Bezug auf seinen sittlichen Inhalt und

3) in Bezug auf die politische Auffassung des Staatszweckes, die ihm innewohnt.

Auf andere Seiten desselben können wir heut nicht mehr eingehen, und auch die angegebenen Beziehungen können bei der so vorgeschrittenen Zeit nur noch ganz flüchtig beleuchtet werden.

Das formelle Mittel der Durchführung dieses Princips ist das bereits betrachtete allgemeine und directe Wahlrecht. Ich sage, das allgemeine und directe Wahlrecht, meine Herren, nicht das blos allgemeine Wahlrecht, wie wir es im Jahre 1848 gehabt haben. Die Einführungen von zwei Abstufungen bei dem Wahlakt, von Urwählern und Wahlmännern, ist nichts als ein künstliches Mittel, absichtlich zu dem Zweck eingeführt, den Volkswillen beim Wahlakt möglichst zu verfälschen.

Zwar wird auch das allgemeine und directe Wahlrecht keine Wünschelruthe sein, meine Herren, die Sie vor momentanen Mißgriffen schützen kann.

Wir haben in Frankreich in den Jahren 1848 und 1849 zwei schlechte Wahlen hintereinander gesehen. Aber das allgemeine und directe Wahlrecht ist das einzige Mittel, welches auf die Dauer von selbst wieder die Mißgriffe ausgleicht, zu denen sein momentan irriger Gebrauch führen kann. Es ist jene Lanze, welche selbst die Wunden wieder heilt, die sie schlägt. Es ist auf die Länge der Zeit bei dem allgemeinen und directen Wahlrecht nicht anders möglich, als daß der gewählte Körper das genaue treue Ebenbild sei des Volkes, das ihn gewählt hat.

Das Volk wird daher jeder Zeit das allgemeine und directe Wahlrecht als sein unerläßliches politisches Kampfmittel, als die allerfundamentalste und wichtigste seiner Forderungen betrachten müssen.

Ich werfe jetzt einen Blick auf den sittlichen Inhalt jenes Gesellschaftsprincips, das wir betrachten.

Vielleicht kann der Gedanke, das Princip der untersten Klassen der Gesellschaft zu dem herrschenden Princip des Staates und der Gesellschaft zu machen, als ein sehr gefährlicher und unsittlicher erscheinen, als ein solcher, der Sittigung und Bildung dem Untergange in ein „modernes Barbarenthum" auszusetzen droht.

Und es wäre gar kein Wunder, wenn dieser Gedanke heut so erschiene, denn auch die öffentliche Meinung, meine Herren — ich habe Ihnen bereits angedeutet, durch welche Vermittlung, nehmlich durch die Zeitungen — empfängt heutzutage ihr Gepräge von dem Prägstock des Capitals und aus den Händen der privile-girten großen Bourgeoisie.

Dennoch ist diese Furcht nur ein Vorurtheil und es läßt sich im Gegentheil nachweisen, daß dieser Gedanke den höchsten Fort-schritt und Triumph der Sittlichkeit darstellen würde, welchen die Weltgeschichte bis heut kennt.

Jene Ansicht ist ein Vorurtheil, sage ich, und sie ist eben nur das Vorurtheil der heutigen, noch vom Privilegium be-herrschten Zeit.

In einer andern Zeit, nehmlich in jener ersten französischen Republik des Jahres 1793, von der ich Ihnen bereits gesagt habe, daß ich sie heut nicht näher betrachten kann, daß sie aber an ihrer eigenen Unklarheit nothwendig zu Grunde gehen mußte, herrschte sogar bereits das entgegengesetzte Vorurtheil. Da-mals galt es als ein Dogma, daß alle höheren Stände unsitt-lich und verderbt, nur das niedrige Volk gut und sittlich sei. Diese Ansicht war von Rousseau ausgegangen. In der neuen Erklärung der Menschenrechte, welche der französische Convent, jene gewaltige constituirende Versammlung Frankreichs, erließ, wird sie sogar durch einen besonderen Artikel festgestellt, durch den Art. 19, welcher lautet: toute institution qui ne suppose le peuple bon et le magistrat corruptible est vicieuse. „Jede Institution, welche nicht voraussetzt, daß das Volk gut und die Obrigkeit bestechlich sei, ist fehlerhaft." Sie sehen, das ist gerade das Gegentheil von der Vertrauensseligkeit, welche man heut zu Tage fordert und nach welcher es kein größeres Vergehen giebt, als an dem guten Willen und der Tugendhaf-tigkeit der Behörde zu zweifeln, während das Volk grundsätzlich als eine Art von Tiger und als der Sitz der Verderbtheit be-trachtet wird.

Damals steigerte sich das entgegengesetzte Dogma sogar so weit, daß fast Jeder, der einen ganzen Rock hatte, eben dadurch verderbt und verdächtig erschien, und Tugend, Reinheit und patriotische Sittlichkeit nur solchen inne zu wohnen schien, die keinen guten Rock besaßen. Es war die Periode des Sanseculottismus.

Diese Anschauung, meine Herren, hat in der That zu ihrer Grundlage eine Wahrheit, die aber in unwahrer und verkehrter Form auftritt. Nun giebt es aber gar nichts Gefährlicheres als eine Wahrheit, die in unwahrer verkehrter Form auftritt. Denn wie man sich zu ihr verhalte, wird man gleich schlecht fahren. Adeptirt man jene Wahrheit in ihrer unwahren, verkehrten Form, so wird dies zu gewissen Zeiten die schädlichsten Verwüstungen anrichten, wie dies im Sanseculottismus der Fall war. Wirft man um der unwahren, verkehrten Form willen den ganzen Satz als unwahr fort, so fährt man noch schlechter. Denn man hat eine Wahrheit fortgeworfen, und zwar im vorliegenden Fall gerade eine solche, ohne deren Erkenntniß gar kein gesunder Schritt im heutigen Staatsleben möglich ist.

Es bleibt also kein anderes Verhalten übrig, als daß man die unwahre und verkehrte Form jenes Satzes zu besiegen und sich ihren wahrhaften Inhalt zur Klarheit zu bringen sucht.

Die öffentliche Meinung heut zu Tage wird, wie gesagt, geneigt sein, den ganzen Satz selbst als vollkommen unwahr und als eine Declamation der französischen Revolution und Rousseau's zu bezeichnen. Indeß wenn dies wegwerfende Verhalten Rousseau und der französischen Revolution gegenüber auch noch möglich wäre, so wird es doch vollkommen unmöglich sein in Bezug auf einen der größten deutschen Philosophen, dessen hundertjährigen Geburtstag diese Stadt im nächsten Monat feiern wird, nemlich dem Philosophen Fichte gegenüber, einem der gewaltigsten Denker aller Völker und Zeiten.

Auch Fichte erklärt ausdrücklich und wörtlich, daß mit dem steigenden Stande eine immer steigende Zunahme der sittlichen Verschlimmerung entstehe, daß — es sind dies alles seine eigenen

Worte — „die Schlechtigkeit nach Verhältniß des höheren Standes zunehme."

Den letzten Grund dieser Sätze hat indeß auch Fichte nicht
entwickelt. Er führt als den Grund dieser Verderbtheit die
Selbstsucht, den Egoismus der höheren Stände an. Dabei muß
aber sofort die Frage entstehen, ob denn nicht auch in den untersten Klassen Selbstsucht herrsche, oder warum hier weniger. Ja,
es muß zunächst als ein überraschender Widerspruch erscheinen,
daß in den unteren Ständen eine geringere Selbstsucht herrschen
soll, als in den höheren, welche vor ihnen Bildung und Erziehung, diese anerkannt sittigenden Elemente, in einem erheblichen
Grade voraus haben.

Der wahrhafte Grund und die Auflösung dieses zunächst so
überraschend erscheinenden Widerspruchs ist folgende:

Seit lange geht, wie wir gesehen haben, die Entwickelung
der Völker, der Athemzug der Geschichte auf eine immer steigende Abschaffung der Privilegien, welche den höheren Ständen
diese ihre Stellung als höhere und herrschende Stände garantiren. Der Wunsch nach Forterhaltung derselben oder das persönliche Interesse bringt daher jedes Mitglied der höheren
Stände, das sich nicht ein für alle Mal durch einen großen
Blick über sein ganzes persönliches Dasein erhoben und hinweg
gesetzt hat — und Sie werden begreifen, meine Herren, daß dies
nur immer sehr wenig zahlreiche Ausnahmen sein können — von
vornherein in eine principiell feindliche Stellung zu der Entwicklung des Volkes, zu dem Umsichgreifen der Bildung und
Wissenschaft, zu den Fortschritten der Cultur, zu allen Athem-
zügen und Stegen des geschichtlichen Lebens.

Dieser Gegensatz des persönlichen Interesses der höheren Stände
und der Culturentwickelung der Nation ist es, welcher die hohe
und nothwendige Unsittlichkeit der höheren Stände hervorruft.
Es ist ein Leben, dessen tägliche Bedingungen Sie Sich nur zu
vergegenwärtigen brauchen, um den tiefen inneren Verfall zu
fühlen, zu dem es führen muß. Sich täglich widersetzen
müssen allem Großen und Guten, sich betrüben müssen über
sein Gelingen, über sein Mißlingen sich freuen, seine weitern

Fortschritte aufhalten, seine bereits geschehenen rückgängig machen
oder verwünschen zu müssen. Es ist ein fortgesetztes Leben wie
in Feindes Land — und dieser Feind ist die sittliche Ge=
meinschaft des eigenen Volkes, in der man lebt, und für
welche zu streben alle wahre Sittlichkeit ausmacht. Es ist ein
fortgesetztes Leben, sage ich, wie in Feindes Land, dieser Feind
ist das eigene Volk, und daß es als der Feind angesehen und
behandelt wird, muß noch wenigstens auf die Dauer listig ver=
heimlicht und diese Feindschaft mit mehr oder weniger künstlichen
Vorhängen bekleidet werden.

Dazu die Nothwendigkeit, dies Alles entweder gegen die
eigene Stimme des Gewissens und der Intelligenz zu thun, oder
aber diese Stimme schon gewohnheitsmäßig in sich ausgerottet zu
haben, um nicht von ihr belästigt zu werden, oder endlich diese
Stimme nie gekannt, nie etwas besseres und anderes gekannt
zu haben, als die Religion des eigenen Vortheils!

Dieses Leben, meine Herren, führt also nothwendig zu einer
gänzlichen Geringschätzung und Verachtung alles ideellen Stre=
bens, zu einem mitleidigen Lächeln, so oft der große Name der
Idee nur ausgesprochen wird, zu einer tiefen Unempfänglichkeit
und Widerwilligkeit gegen alles Schöne und Große, zu einem
vollständigen Untergang aller sittlichen Elemente in uns in die
Eine Leidenschaft des selbstsüchtigen Vortheils und der Genußsucht.

Dieser Gegensatz, meine Herren, des persönlichen Interesses
und der Culturentwicklung der Nation ist es, der bei den unteren
Klassen der Gesellschaft zu ihrem Glücke fehlt.

Zwar ist auch in den unteren Klassen leider immer noch
Selbstsucht genug vorhanden, viel mehr als vorhanden sein sollte.
Aber hier ist diese Selbstsucht, wo sie vorhanden ist, der Fehler
der Individuen, der Einzelnen, und nicht der nothwendige
Fehler der Klasse.

Schon ein sehr mäßiger Instinkt sagt den Gliedern der
unteren Klassen, daß, sofern sich jeder von ihnen blos auf sich
bezieht und jeder blos an sich denkt, er keine erhebliche Verbes=
serung seiner Lage für sich hoffen kann.

Insofern aber und insoweit die unteren Klassen der Gesell=

schaft die Verbesserung ihrer Lage als Klasse, die Verbesserung ihres Klassenlooses erstreben, insofern und insoweit fällt dieses persönliche Interesse, statt sich der geschichtlichen Bewegung entgegenzustellen und dadurch zu jener Unsittlichkeit verdammt zu werden, seiner Richtung nach vielmehr durchaus zusammen mit der Entwickelung des gesammten Volkes, mit dem Siege der Idee, mit den Fortschritten der Cultur, mit dem Lebensprincip der Geschichte selbst, welche nichts anderes als die Entwickelung der Freiheit ist. Oder, wie wir schon oben sahen, Ihre Sache ist die Sache der gesammten Menschheit.

Sie sind somit in der glücklichen Lage, meine Herren, daß Sie, statt abgestorben sein zu können für die Idee, vielmehr durch Ihr persönliches Interesse selbst zur höchsten Empfänglichkeit für dieselbe bestimmt sind. Sie sind in der glücklichen Lage, daß Dasjenige, was Ihr wahres persönliches Interesse bildet, zusammenfällt mit dem zuckenden Pulsschlag der Geschichte, mit dem treibenden Lebensprincip der sittlichen Entwickelung. Sie können daher sich der geschichtlichen Entwickelung mit persönlicher Leidenschaft hingeben und gewiß sein, daß Sie um so sittlicher dastehen, je glühender und verzehrender diese Leidenschaft in ihrem hier entwickelten reinen Sinne ist.

Dies sind die Gründe, meine Herren, weshalb die Herrschaft des vierten Standes über den Staat eine Blüthe der Sittlichkeit, der Kultur und Wissenschaft herbeiführen muß, wie sie in der Geschichte noch nicht dagewesen.

Hierzu führt aber auch noch ein anderer Grund, der selbst wieder auf das Innigste mit allen von uns angestellten Betrachtungen zusammenhängt und ihren Schlußstein bildet.

Der vierte Stand hat nicht nur ein anderes formelles, politisches Princip als die Bourgeoisie, nehmlich das allgemeine directe Wahlrecht an Stelle des Census der Bourgeoisie, er hat ferner nicht nur durch seine Lebensstellung ein anderes Verhältniß zu den sittlichen Potenzen als die höheren Stände, sondern er hat auch — zum Theil in Folge hiervon — eine ganz andere, ganz verschiedene Auffassung von dem sittlichen Zweck des Staates als die Bourgeoisie.

Die sittliche Idee der Bourgeoisie ist diese, daß ausschließend nichts anderes, als die ungehinderte Selbstbethätigung seiner Kräfte jedem Einzelnen zu garantiren sei.

Wären wir alle gleich stark, gleich gescheut, gleich gebildet und gleich reich, so würde diese Idee als eine ausreichende und sittliche angesehen werden können.

Da wir dies aber n i c h t s i n d und nicht sein k ö n n e n, so ist dieser Gedanke nicht ausreichend, und führt deshalb in seinen Consequenzen nothwendig zu einer tiefen Unsittlichkeit. Denn er führt dazu, daß der Stärkere, Gescheidtere, Reichere den Schwächeren ausbeutet und in seine Tasche steckt.

Die sittliche Idee des Arbeiterstandes dagegen ist die, daß die ungehinderte und freie Betätigung der individuellen Kräfte durch das Individuum noch nicht a u s r e i c h e, sondern daß zu ihr in einem sittlich geordneten Gemeinwesen noch h i n z u t r e t e n m ü s s e: d i e S o l i d a r i t ä t der Interessen, die G e m e i n = s a m k e i t u n d d i e G e g e n s e i t i g k e i t i n d e r E n t = w i c k e l u n g.

Entsprechend diesem Unterschiede, faßt die Bourgeoisie den sittlichen Staatszweck so auf: er bestehe ausschließend und allein darin, die persönliche Freiheit des Einzelnen und sein Eigen= thum zu schützen.

Dies ist eine Nachtwächteridee, meine Herren, eine Nacht= wächteridee deshalb, weil sie sich den Staat selbst nur unter dem Bilde eines Nachtwächters denken kann, dessen ganze Function darin besteht, Raub und Einbruch zu verhüten. Leider ist diese Nachtwächteridee nicht nur bei den eigentlichen Liberalen zu Haus, sondern selbst bei vielen angeblichen Demokraten, in Folge mangelnder Gedankenbildung, oft genug anzutreffen. Wollte die Bourgeoisie consequent ihr letztes Wort aussprechen, so müßte sie gestehen, daß nach diesen ihren Gedanken, wenn es keine Räuber und Diebe gebe, der Staat überhaupt ganz überflüssig sei.*)

---

*) Diese Staatsidee, welche den Staat eigentlich ganz aufhebt und ihr

Ganz anders, meine Herren, faßt der vierte Stand den Staatszweck auf, und zwar faßt er ihn so auf, wie er in Wahrheit beschaffen ist.

Die Geschichte, meine Herren, ist ein Kampf mit der Natur; mit dem Elende, der Unwissenheit, der Armuth, der Machtlosigkeit und somit der Unfreiheit aller Art, in der wir uns befanden, als das Menschengeschlecht im Anfang der Geschichte auftrat. Die fortschreitende Besiegung dieser Machtlosigkeit — das ist die Entwickelung der Freiheit, welche die Geschichte darstellt.

In diesem Kampfe würden wir niemals einen Schritt vorwärts gemacht haben, oder jemals weiter machen, wenn wir ihn als Einzelne jeder für sich, jeder allein, geführt hätten oder führen wollten.

Der Staat ist es, welcher die Function hat, diese Entwicklung der Freiheit, diese Entwicklung des Menschengeschlechts zur Freiheit zu vollbringen.

Der Staat ist diese Einheit der Individuen in einem sittlichen Ganzen, eine Einheit, welche die Kräfte aller Einzelnen, welche in diese Vereinigung eingeschlossen sind, millionenfach vermehrt, die Kräfte, welche ihnen allen als Einzelnen zu Gebote stehen würden, millionenfach vervielfältigt.

Der Zweck des Staats ist also nicht der, dem Einzelnen nur die persönliche Freiheit und das Eigenthum zu schützen, mit

---

in die bloße bürgerliche Gesellschaft der egoistischen Interessen umwandelt, ist die Staatsidee des Liberalismus und von ihm historisch producirt worden. Sie bildet bei der Macht, die sie nothwendig erlangt hat und die im directen Verhältniß mit ihrer Oberflächlichkeit steht, die wahrhafte Gefahr geistiger und sittlicher Versumpfung, die wahrhafte Gefahr einer „modernen Barbarei", welche heute besteht. In Deutschland kämpft ihr zum Glück mächtig entgegen die antike Bildung, welche nun einmal die unverlierbare Grundlage des deutschen Geistes geworden ist. Von ihr aus erzeugt sich die Ansicht, „der Begriff des Staates sei vielmehr nothwendig dahin zu erweitern, bis wohin er meines Erachtens zu erweitern ist, daß der Staat die Einrichtung sei, in welcher die ganze Tugend der Menschheit sich verwirklichen solle." (Worte August Boeckh's in seiner Universitätsfestrede vom 22. März 1862.)

welchen er nach der Idee der Bourgeoisie angeblich schon in den Staat eintritt; der Zweck des Staats ist vielmehr gerade der, durch diese Vereinigung die Einzelnen in den Stand zu setzen, solche Zwecke, eine solche Stufe des Daseins zu erreichen, die sie als Einzelne niemals erreichen könnten, sie zu befähigen, eine Summe von Bildung, Macht und Freiheit zu erlangen, die ihnen sämmtlich als Einzelnen schlechthin unersteiglich wäre.

Der Zweck des Staats ist somit der, das menschliche Wesen zur positiven Entfaltung und fortschreitenden Entwickelung zu bringen, mit andern Worten, die menschliche Bestimmung — d. h. die Cultur, deren das Menschengeschlecht fähig ist — zum wirklichen Dasein zu gestalten; er ist die Erziehung und Entwickelung des Menschengeschlechts zur Freiheit.

Dies ist die eigentlich sittliche Natur des Staats, meine Herren, seine wahre und höhere Aufgabe. Sie ist es so sehr, daß sie deshalb seit allen Zeiten durch den Zwang der Dinge selbst von dem Staat, auch ohne seinen Willen, auch unbewußt, auch gegen den Willen seiner Leiter, mehr oder weniger ausgeführt wurde.

Der Arbeiterstand aber, meine Herren, die unteren Classen der Gesellschaft überhaupt haben schon durch die hilflose Lage, in welcher sich ihre Mitglieder als Einzelne befinden, den tiefen Instinct, daß eben dies die Bestimmung des Staates sei und sein müsse, dem Einzelnen durch die Vereinigung Aller zu einer solchen Entwickelung zu verhelfen, zu der er als Einzelner nicht befähigt wäre.

Ein Staat also, welcher unter die Herrschaft der Idee des Arbeiterstandes gesetzt wird, würde nicht mehr, wie freilich auch alle Staaten bisher schon gethan, durch die Natur der Dinge und den Zwang der Umstände unbewußt und oft sogar widerwillig getrieben, sondern er würde mit höchster Klarheit und völligem Bewußtsein diese sittliche Natur des Staates zu seiner Aufgabe machen. Er würde mit freier Lust und vollkommenster Consequenz vollbringen, was bisher nur stückweise in den dürftigsten Umrissen dem widerstrebenden Willen abgerungen worden ist, und er würde somit eben hierdurch nothwendig — wenn

mir die Zeit auch nicht mehr erlaubt, Ihnen die detaillirtere Na=
tur dieses nothwendigen Zusammenhanges auseinanderzuſetzen —
einen Aufſchwung des Geiſtes, die Entwicklung einer Summe von
Glück, Bildung, Wohlſein und Freiheit herbeiführen, wie ſie ohne
Beiſpiel daſteht in der Weltgeſchichte und gegen welche ſelbſt die
gerühmteſten Zuſtände in früheren Zeiten in ein verblaſſendes
Schattenbild zurücktreten.

Das iſt es, meine Herren, was die Staatsidee des Arbeiter=
ſtandes genannt werden muß, ſeine Auffaſſung des Staatszweckes,
die, wie Sie ſehen, eben ſo ſehr, und genau entſprechend, von
der Auffaſſung des S t a a t s z w e c k e s bei der Bourgeoiſie ver=
ſchieden iſt, wie das Princip des Arbeiterſtandes von dem Antheil
Aller an der Beſtimmung des Staats w i l l e n s oder das allge=
meine Wahlrecht, von dem betreffenden Princip der Bourgeoiſie,
dem Cenſus.

Die Ihnen hier entwickelte Ideenreihe iſt es alſo, die als die
Idee des Arbeiterſtandes ausgeſprochen werden muß. Sie iſt es,
die ich im Auge hatte, als ich Ihnen im Eingang von dem Zu=
ſammenhange der beſondern Geſchichtsperiode, in der wir leben,
und der Idee des Arbeiterſtandes ſprach. Es iſt d i e ſ e mit dem
Februar 1848 beginnende Geſchichtsperiode, welcher die Aufgabe
zugefallen iſt, dieſe Staatsidee zur Verwirklichung zu bringen und
wir können uns beglückwünſchen, meine Herren, daß wir in einer
Zeit geboren ſind, welche beſtimmt iſt, dieſe glorreichſte Arbeit
der Geſchichte zu erleben, und in welcher es uns gegönnt iſt, för=
dernd an ihr Theil zu nehmen.

Für Alle aber, welche zum Arbeiterſtande gehören, folgt aus
dem Geſagten die Pflicht einer ganz neuen Haltung.

Nichts iſt mehr geeignet, einem Stande ein würdevolles und
tief ſittliches Gepräge aufzudrücken, als das Bewußtſein, daß er
zum herrſchenden Stande beſtimmt, daß er berufen iſt, das Princip
ſeines Standes zum Princip des geſammten Zeitalters zu erheben,
ſe i n e Idee zur leitenden Idee der ganzen Geſellſchaft zu machen
und ſo dieſe wiederum zu einem Abbilde ſeines eigenen Gepräges
zu geſtalten.

Die hohe weltgeſchichtliche Ehre dieſer Beſtimmung muß alle

Ihre Gedanken in Anspruch nehmen. Es ziemen Ihnen nicht mehr die Laster der Unterdrückten, noch die müßigen Zerstreuungen der Gedankenlosen, noch selbst der harmlose Leichtsinn der Unbedeutenden. Sie sind der Fels, auf welchen die Kirche der Gegenwart gebaut werden soll!

Der hohe sittliche Ernst dieses Gedankens ist es, der sich mit einer verzehrenden Ausschließlichkeit Ihres Geistes bemächtigen, Ihr Gemüth erfüllen und Ihr gesammtes Leben als ein seiner würdiges, ihm angemessenes und immer auf ihn bezogenes gestalten muß. Der sittliche Ernst dieses Gedankens ist es, der, ohne Sie je zu verlassen, vor Ihrem Innern stehen muß in Ihrem Atelier während der Arbeit, in Ihren Mußestunden, Ihren Spaziergängen, Ihren Zusammenkünften; und selbst, wenn Sie sich auf Ihr hartes Lager zur Ruhe strecken, ist es dieser Gedanke, welcher Ihre Seele erfüllen und beschäftigen muß, bis sie in die Arme des Traumgottes hinübergleitet. Je ausschließender Sie Sich vertiefen in den sittlichen Ernst dieses Gedankens, je ungetheilter Sie Sich der Gluth desselben hingeben, um so mehr werden Sie wiederum — dessen seien Sie sicher — die Zeit beschleunigen, innerhalb welcher unsere gegenwärtige Geschichtsperiode ihre Aufgabe zu vollziehen hat, um so schneller werden Sie die Erfüllung dieser Aufgabe herbeiführen.

Wenn unter Ihnen, meine Herren, die Sie mir heute zuhören, nur zwei oder drei wären, in welchen es mir geglückt wäre, die sittliche Gluth dieses Gedankens zu entzünden, in jener Vertiefung, die ich meine und Ihnen geschildert habe, so würde ich das bereits für einen großen Gewinn und mich für meinen Vortrag reich belohnt betrachten.

Vor Allem, meine Herren, müssen Ihrer Seele fremd bleiben Muthlosigkeit und Zweifel, zu denen eine des Gedankens nicht hinreichend mächtige Betrachtung geschichtlicher Ereignisse leicht führen kann.

So ist es z. B. geradezu nicht wahr, daß in Frankreich die Republik durch den Staatsstreich des Decembers 1851 gestürzt wurde.

Was sich in Frankreich nicht halten konnte, was damals wahrhaft unterging, das war nicht die Republik, sondern jene Republik, welche durch das Wahlgesetz vom 30. Mai 1850, wie ich Ihnen bereits gezeigt habe, das allgemeine Wahlrecht aufhob und einen verkappten Census zur Ausschließung der Arbeiter einführte; das war also die Bourgeois=Republik, welche das Gepräge der Bourgeoisie, die Herrschaft des Capitals, auch dem republikanisirten Staate aufdrücken wollte. Dies war es, was dem französischen Usurpator die Möglichkeit gab, unter einer scheinbaren Wiederherstellung des allgemeinen Wahlrechts die Republik zu stürzen, welche sonst an der Brust der französischen Arbeiter einen unübersteiglichen Wall gefunden hätte.

Was also damals in Frankreich wirklich sich nicht halten konnte und gestürzt wurde, das war nicht d i e Republik, sondern die Bourgeois=Republik, und so bestätigt es sich denn bei der wahrhaften Betrachtung gerade auch an diesem Beispiel, daß die Geschichtsperiode, in die wir mit dem Februar 1848 eingetreten sind, keinen Staat mehr erträgt, welcher, g l e i c h v i e l ob i n m o n a r c h i s c h e r, oder r e p u b l i k a n i s c h e r Form, das herrschende politische Gepräge des dritten Standes der Gesellschaft aufdrücken oder in ihr erhalten will.

Von den hohen Bergspitzen der Wissenschaft aus, meine Herren, sieht man das Morgenroth des neuen Tages früher, als unten in dem Gewühle des täglichen Lebens.

Haben Sie bereits einmal, meine Herren, einen Sonnenaufgang von einem hohen Berge aus mit angesehen?

Ein Purpursaum färbt roth und blutig den äußersten Horizont, das neue Licht verkündend, Nebel und Wolken raffen sich auf, ballen sich zusammen und werfen sich dem Morgenroth entgegen, seine Strahlen momentan verhüllend, — aber keine Macht der Erde vermag das langsame und majestätische Aufsteigen der Sonne selbst zu hindern, die eine Stunde später, aller Welt sichtbar, hell leuchtend und erwärmend am Firmamente steht.

Was eine Stunde ist in dem Naturschauspiel eines jeden Tages, das sind ein und zwei Jahrzehnte in dem noch weit imposanteren Schauspiel eines weltgeschichtlichen Sonnenaufgangs.